JN006985

はじめての苔インテリア

苔テラリウムから苔玉、苔盆栽まで

道草 michikusa
石河英作

家の光協会

Contents

Chapter 3 はじめての 苔盆栽・苔アクアテラリウム

Chapter 4 苔インテリア バリエーション

○本書で紹介しているコケの名称は、一般的に流通している名称です。正式な和名とは異なるものもあります。
○水やりなどの頻度は目安です。気温・湿度によっても異なりますので、各作品の乾燥の程度によって調節してください。
○**Chapter 1～4**では、苔インテリアの**育てやすさ**、**作りやすさ**を★マークで紹介していますが、季節や地域、環境によって異なる場合があります。
　育てやすさ：★★★（育てやすい）★★（まあまあ育てやすい）★（やや育てにくい）
　作りやすさ：★★★（作りやすい）★★（まあまあ作りやすい）★（やや難しい）
○国立・国定公園内の特別保護地区では植物の採取は禁止されています。また、他者の所有地から無断でコケを採取したり、自然界のコケを根こそぎ採取するようなことは絶対にやめましょう。

はじめに

コケは身近な場所にも生える、とっても小さな植物です。お気に入りのガラス容器に入れて楽しむ苔テラリウムは、室内に飾るのに最適。手のひらにのるようなサイズで手軽に始められるため、はじめて植物を育てる人におすすめです。これまで苔テラリウムの本を2冊出版し、もっと幅広くコケを育てる魅力を知ってもらいたいという思いが強くなり、今回新たに苔玉や苔盆栽にも挑戦しました。都内のベランダで実験を重ね、栽培方法や種類を模索し、紹介できるまでになりました。この本では、コケを使った作品を「苔インテリア」として紹介しています。

正直なところ、苔玉や苔盆栽はコケを育てるのにやや難しい育て方です。ベランダや庭にコケにとってよい環境を作り、水やりの手間を楽しむことができれば、美しいコケを育てることができます。そして、テラリウムでは育てることが難しかった種類のコケを育てることができるのも、屋外栽培の魅力のひとつです。苔玉や苔盆栽をどうしても室内で育てたいという場合には、それらをテラリウムで育てる方法もあります。

苔インテリアというと雑貨のようなイメージを持たれるかもしれませんが、作って完成、飾って終わりではなく、育てて楽しむことを一番に考えています。素敵な作品を作ったあと、コケがいきいきと育ち、変化していく過程を楽しんでほしいと思います。

本書でもいろいろなコケの楽しみ方を紹介していますが、このようにやらなければならないというルールはありません。みなさんの生活にコケを取り入れる際のヒントにしていただけるとうれしいです。

道草 michikusa　石河英作

山や森、**自然**はいつもそこにいて、

わたしたちを**癒やしてくれます**。

緑と暮らせたら、どんなに**気持ちいい**でしょう。

でも、植物を育てるのは

難しそう……？

きっと大丈夫、**コケ**なら。

部屋の中でも。

ベランダや、

小さな庭でも。

さあ、**楽しく**、**自由**に。

苔インテリアを始めましょう。

MOSS 1 INTRODUCTION

コケを知ろう

世界には約18,000種類、日本にも1,700種類以上いるといわれるコケ。
ほかの植物となにが違うのか、どんな特徴があるのかを知っておくと、
コケの作品作りにも役立ちます。

コケってどんな植物？

コケ植物には葉や茎はありますが、一般的な植物のように水や栄養を吸い上げるための根や維管束がありません。水や栄養を葉や茎から直接細胞に取り込みます。根のかわりに仮根《かこん》という器官があり、仮根を使って石や木にカラダを固定しています。コケ植物は、蘚類《せんるい》・苔類《たいるい》・ツノゴケ類という3つのグループに分類されます。その中で主に園芸用に育てられるのは蘚類のグループに属する種類です。蘚類の中にも立つタイプと這うタイプがあり、それぞれの特徴をいかして作品作りを楽しむことができます。

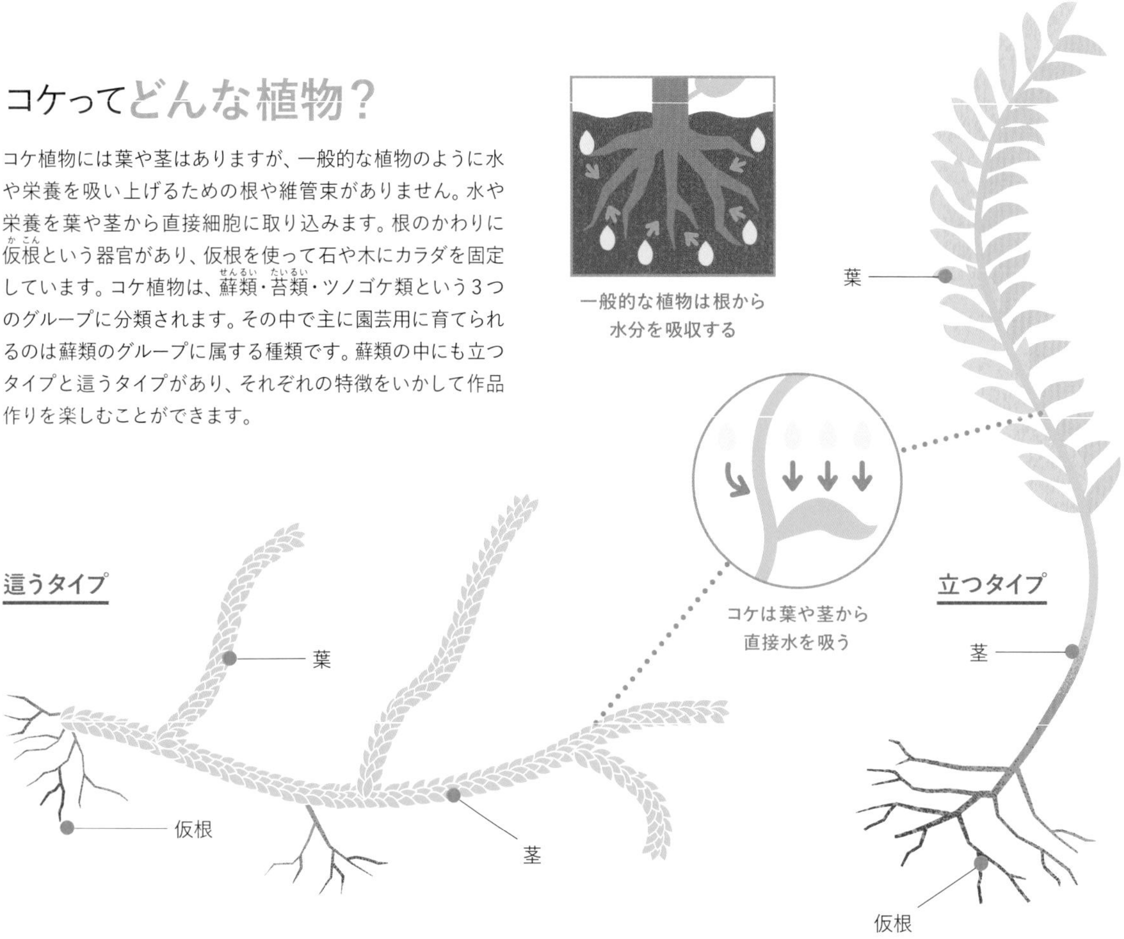

一般的な植物は根から水分を吸収する

コケは葉や茎から直接水を吸う

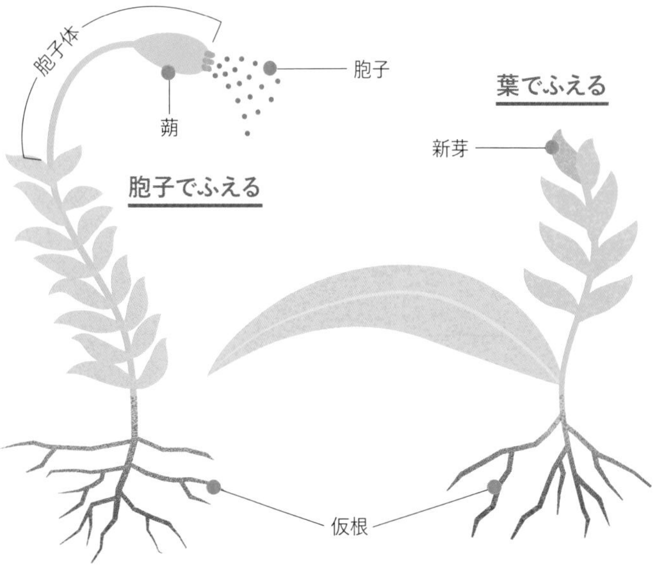

コケは どうやってふえる？

コケのふえ方には、雄株の精子が雌株の卵子に受精して作られた胞子《ほうし》でふえる有性生殖と、無性芽やちぎれた葉や茎からクローンを作ってふえる無性生殖があります。胞子ができる季節はコケの種類によってさまざまですが、春と秋にできる種類が比較的多いです(※)。ちぎれた葉や茎から再生する能力を利用してコケをふやす方法に、まきゴケがあります(P.46)。まきゴケを利用すれば季節を問わずコケをふやすことができます。

※雌雄異株と雌雄同株の種類がある。

MOSS 2 INTRODUCTION

知っておきたい

苔インテリアのきほん

かつては園芸の脇役的な印象が強かったコケ。
近年、コケ自体を主役にした作品作りが広まっています。
それぞれの作品に合った道具や材料を選ぶことが大切。
基本の管理方法もおさえておきましょう。

いろいろな 苔インテリア

室内で管理できて手軽に育てられる苔テラリウムのほか、
屋外での管理が基本の苔玉や苔盆栽など、
さまざまな種類の作品があります。

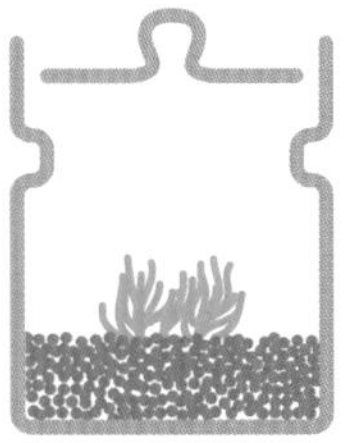

苔テラリウム

ガラス容器の中で湿度を保ちながらコケを育てる方法。室内でコケを楽しみたい人におすすめの育て方です。

苔玉

シート状のコケと用土を丸く成形して作ります。木や草花と組み合わせたり、吊り下げたりして楽しむことができます。

苔盆栽

盆栽鉢にコケだけを植えて育てる方法。器とコケの組み合わせでいろいろと楽しむことができます。

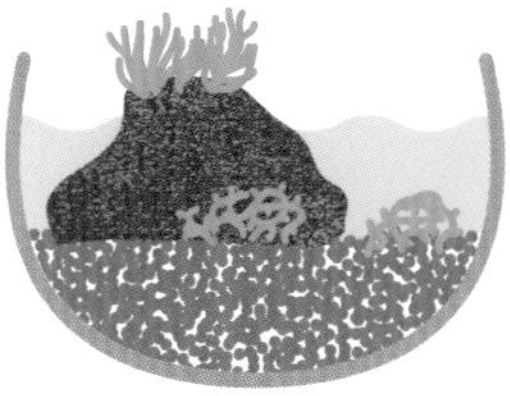

その他（アクアテラリウムなど）

水の中で育てることのできる種類を使えば、アクアテラリウムとしてコケを楽しむことができます。

揃えたい 道具

ピンセットやハサミ、霧吹きなどのように多くの苔インテリアで
必要なものをまずは揃えましょう。
ここでは、基本の苔テラリウム（P.22）に必要なものを紹介します。

1 水差し

コケの水やりや作製する時に用土を湿らせるのに使用します。水は少しずつ加えるため、細いノズルがついているものが使いやすいです。

2 霧吹き

コケの水やりに使用します。水がコケ全体にいきわたるよう、ミストの細かいものを選びましょう。

3 ハサミ

先が細く、コケを1本ずつ切ることができるものが便利です。ステンレス製が錆びにくくおすすめ。容器の深さに合わせて、長短揃えると使いやすく便利です。

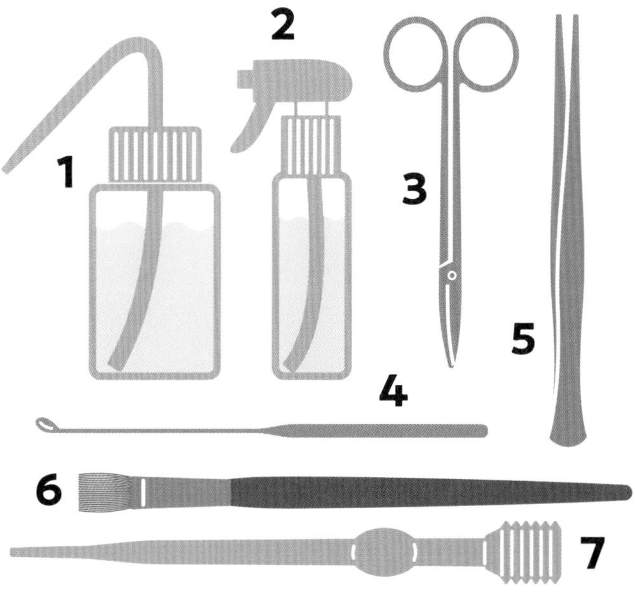

4 棒（ミクロスパーテル）

指の届かない狭い場所でコケを押さえるのに使用します。小さなヘラ状になっているステンレス製のミクロスパーテルが使いやすいですが、竹串や割りばしでも代用可。

5 ピンセット

先が細くてコケを1本ずつつかめるものがおすすめ。錆びにくいステンレス製のものを選びましょう。容器の深さに合わせて長短揃えると便利です。

6 筆

用土や化粧砂をならすのに使います。15号くらいのサイズの絵筆が使いやすいです。

7 スポイト

入れすぎた水を吸い出すのに使用します。

揃えたい 材料

コケや用土以外にも、作品に応じて器や飾り用の石・砂、鉢底ネットなどが必要です。
ここでは、苔盆栽(P.64)に必要なものを紹介します。

1 コケ

テラリウムで育てやすい種類、盆栽や苔玉で育てやすい種類があるので、作る作品に応じてコケの種類を選ぶようにしましょう。種類の選び方はP.14～を参照。

2 用土

弱酸性で栄養が少なく、水はけがよい用土を使用します。ここでは赤玉土に富士砂ともみ殻燻炭を各1割ブレンドしたものを使用しています。土は使い回さず未使用のものを使いましょう。

3 飾り用の石や砂

石や砂を飾りに使用すると、作品の中でコケが引き立ちます。盆栽用の化粧砂のほか、カラーサンドを使用することもできます。コケを着生させたい場合は、溶岩石など多孔質(微細な穴がたくさんあいている)の石を選ぶとよいです。

4 器

盆栽や多肉植物栽培用の陶器の鉢を使用します。水はけがよい、底穴の大きなものを選びましょう。手のひらサイズくらいの大きさが初心者でも育てやすくおすすめ。それより小さいものは乾きが早く、管理がやや難しくなります。

5 鉢底ネット

鉢底用のプラスチックネット。底穴から虫が侵入しないようにするためと、水やりの時に用土が流出しないようにするために使用します。

いつ 作るのがいい?

湿度が高くなり始める春から初夏が、コケがもっとも成長する季節。春にソメイヨシノが咲く頃に作るととても育てやすいです。苔玉なら夏前にコケが成長し、仮根が張った状態になっていると、乾きに強くなります。春がベストですが、真夏の高温を避ければどの季節に作っても問題はありません。

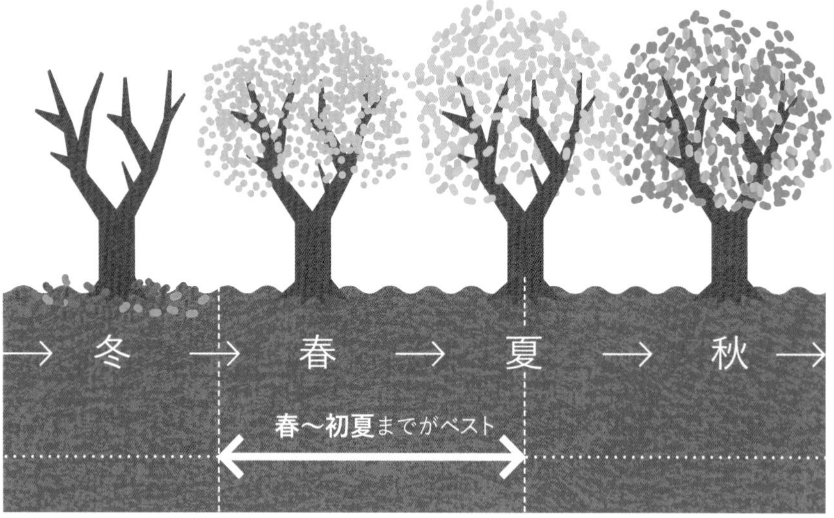

MOSS 3 INTRODUCTION

管理のきほん

室内は夏の暑さ対策や光不足を補うことがポイントに。
屋外は季節によって日の傾きや温度・湿度が変化します。
季節ごとの水やりや置き場所を工夫しましょう。

置き場所 Place

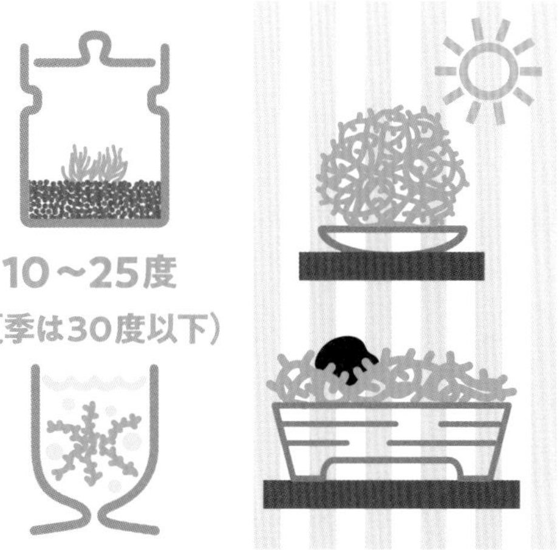

苔テラリウム・苔アクアテラリウムは、室内の明るい場所に置きます。窓際は日射しが入ると容器が熱くなりすぎる場合があるので注意。10～25度が適温ですが、夏季はできるだけ30度以下になるように工夫しましょう。苔盆栽や苔玉は屋外の明るめの日陰に置きます。ベランダのコンクリート床にじか置きすると熱で蒸れるため、台を使って底上げします。

光 Light

栽培に使用されるコケは500～2,000ルクス程度の明るさを好みます。室内は意外と明るさが少ないので、コケが光不足になりがち。LED照明を利用すると光不足が解消されます。1日8時間程度明るさを保ちましょう。屋外での場合は、午前9時くらいまでの朝日が当たり、日中日陰になる場所が最適です。季節によって場所や日除けを調整しましょう。

水やり Watering

コケは常に濡れた状態よりも、適度に湿った空気中の湿度が高い状態を好みます。苔テラリウムであれば週に1回程度水やりをすれば十分。苔玉や苔盆栽の場合には、毎日新鮮な水を与えましょう。ただし受け皿に水を溜めると、コケが傷んでしまうので注意。苔アクアテラリウムには水辺に生える種類のコケを選び、週に一度水替えをしましょう。

そのほかの手入れ Care

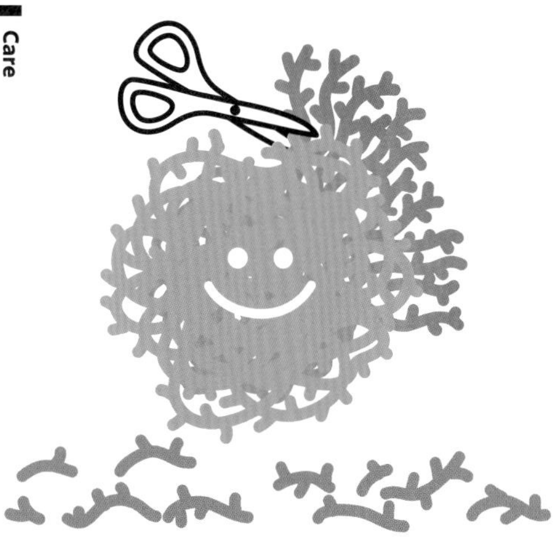

コケが伸びすぎたり葉先が茶色くなった時には、ハサミでトリミングして整えます。トリミングすることで、新芽の成長が促され、きれいな状態を保つことができます。密閉容器で育てる苔テラリウムでは空気を入れ替える換気も重要な作業。1日5分間程度蓋をあけて換気することで、コケが丈夫に育つようになります。

オススメ

コケ一覧

苔インテリアにも、苔テラリウムや苔玉、苔盆栽などさまざまなものがあり、適したコケは違ってきます。それぞれの作品におすすめのコケとその特徴などを紹介します。

凡例

- 苔テラリウム(密閉容器)
- 苔テラリウム(通気容器)
- 苔玉
- 苔盆栽
- 苔アクアテラリウム

- ◎ 特におすすめの種類
- ○ おすすめの種類
- △ 工夫すれば育てられる種類
- × 育てることが難しい種類

- ★★★ 大型園芸店・アクアリウムショップ・コケ専門店・ネットショップで入手可
- ★★ アクアリウムショップ・コケ専門店・ネットショップで入手可
- ★ コケ専門店・ネットショップで入手可

1 アラハシラガゴケ

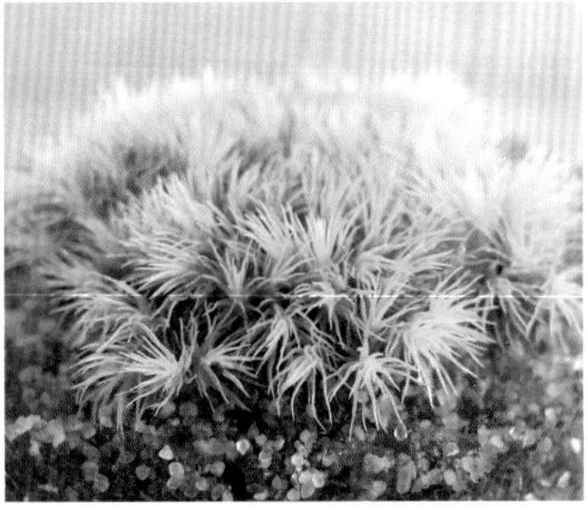

苔テラリウム(密閉容器)	◎
苔テラリウム(通気容器)	◎
苔玉	△
苔盆栽	○
苔アクアテラリウム	△

こんもりした姿が人気。若い葉がやや白っぽい。丈夫でテラリウム初心者におすすめの種類。

入手しやすさ ★★★

2 イチョウウキゴケ

苔テラリウム(密閉容器)	×
苔テラリウム(通気容器)	×
苔玉	×
苔盆栽	×
苔アクアテラリウム	◎

田んぼなどの水面に浮いて生息している。分裂しながらふえていき、冬季は勢いが弱くなる。

入手しやすさ ★★

3 ウィローモス

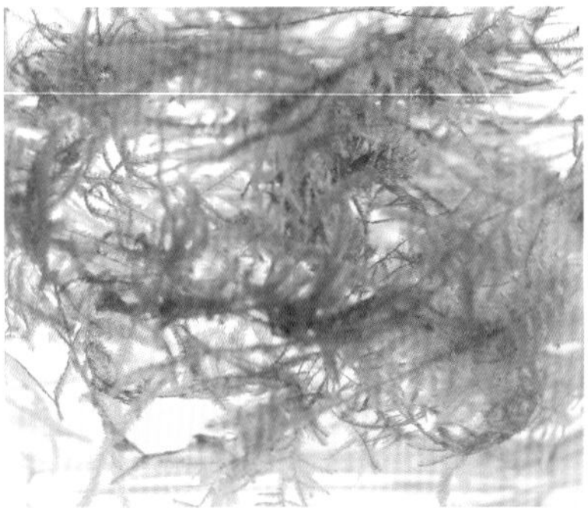

苔テラリウム(密閉容器)	△
苔テラリウム(通気容器)	○
苔玉	△
苔盆栽	△
苔アクアテラリウム	◎

アクアリウム用としておなじみの種類。水中だけでなく、陸上で育てることも可能。

入手しやすさ ★★

4 オオシラガゴケ

苔テラリウム(密閉容器)	◎
苔テラリウム(通気容器)	◎
苔玉	×
苔盆栽	○
苔アクアテラリウム	×

シラガゴケ科で大柄な種類。全体に白っぽい緑色。テラリウムで育てやすい。

入手しやすさ ★★

5 オオバチョウチンゴケ

苔テラリウム(密閉容器)	△
苔テラリウム(通気容器)	◎
苔玉	○
苔盆栽	○
苔アクアテラリウム	◎

水辺に生え、常に湿った環境を好む。水が多い環境では生育がとても早い。

入手しやすさ ★★

6 カサゴケ

苔テラリウム(密閉容器)	△
苔テラリウム(通気容器)	△
苔玉	×
苔盆栽	×
苔アクアテラリウム	△

花のようにも見える特徴的な形が人気。栽培はやや難しく、成長もゆっくり。

入手しやすさ ★★

7 カモジゴケ

△ ○ × ○ ×

緑が濃くやわらかでやさしい姿。徒長しやすいので通気のある容器または苔盆栽で育てよう。

入手しやすさ ★★

8 ギンゴケ

× × × △ ×

道路脇など街中でよく見かけるが、栽培するのはとても難しい。

入手しやすさ ★

9 クジャクゴケ

△ △ × × ×

クジャクが羽を広げたような姿。岩の側面に着生して生えていることが多い。

入手しやすさ ★

10 コウヤノマンネングサ

△ △ × △ △

日本に自生しているコケの中でもっとも大柄になる。栽培はやや難しい。

入手しやすさ ★★

11 コツボゴケ

△ ◎ ◎ ◎ △

春に伸びる透明感のある葉が美しい。徒長しやすいので通気のある容器で育てる。

入手しやすさ ★★★

12 シッポゴケ

△ ○ × △ ×

文字通り尻尾のように見える。コケの中では大柄な種類で、木の根元などに生えている。

入手しやすさ ★★

13 シノブゴケ

△ ○ ◎ ○ ×

細かく枝分かれする繊細な葉が刺繍のようで美しい。苔玉で育てるのに適している。

入手しやすさ ★★★

14 ジャゴケ

× ○ × ○ ×

ヘビのウロコのような模様が特徴的。常に湿った環境を好む。

入手しやすさ ★

15 スナゴケ

× △ × ◎ ×

小さな星のように見える。日当たりのよい場所を好み、湿度が高すぎると傷みやすい。

入手しやすさ ★★★

16 ゼニゴケ

× △ × ○ ×

生殖器が小さなヤシの木のようでかわいらしい。テラリウムでは育てにくく盆栽向き。

入手しやすさ ★

17 タチゴケ

△ ○ × ◎ ×

透き通るような葉が美しい。成長は早くふえやすいが、蒸れには弱い。

入手しやすさ ★★

18 タマゴケ

○ ○ △ ○ ×

冬から春にかけて成長する。やわらかで淡い緑色がかわいらしく人気。暑さにやや弱い。

入手しやすさ ★★★

19 ツヤゴケ

× △ ○ ○ ×

葉の表面に少し光沢がある。冬はやや色が悪くなりやすい。苔玉向きの種類。

入手しやすさ ★★

20 ツルチョウチンゴケ

○ ◎ ◎ ◎ △

葉が波打っているのが特徴。徒長しにくくテラリウム栽培にも適している。

入手しやすさ ★★

21 ネズミノオゴケ

△ ○ × ◎ ×

１本１本がネズミの尻尾に見えるおもしろい形をした種類。苔盆栽で育てやすい。

入手しやすさ ★

22 ハイゴケ

× △ ◎ ○ ×

苔玉用コケの定番。明るめの日陰を好み、屋外で育てやすいが、室内栽培には向かない。

入手しやすさ ★★★

23 ヒノキゴケ

◎ ◎ × △ ×

入手しやすさ ★★★

イタチのシッポとも呼ばれる大柄な種類。乾燥に弱くテラリウム向き。

24 ヒロハヒノキゴケ

◎ ◎ × △ ×

入手しやすさ ★

ヒノキゴケよりひと回り小柄な種類。仮根が出やすく、着生にも適している。

25 フタバネゼニゴケ

◎ ◎ ○ ◎ △

入手しやすさ ★

ゼニゴケの仲間で密閉容器でも徒長しにくい。指でこするとウメのような香りがある。

26 フデゴケ

× △ × ○ ×

入手しやすさ ★★

ビロードのようなやわらかな手触りが気持ちよい。苔盆栽で育てやすい。

27 ホウオウゴケ

◎ ○ × △ ○

入手しやすさ ★★

想像上の鳥、鳳凰の尾羽のような形。常に湿った環境を好み、水中で栽培することも可能。

28 ホソバオキナゴケ

◎ ◎ △ ○ ×

入手しやすさ ★★★

成長がゆっくりで芝生のように見えるため、寄せ植えのテラリウムで使いやすい。

29 ムクムクゴケ

○ ○ × △ ○

入手しやすさ ★

葉先のむくむくした姿をルーペで観察したい。常に湿った環境を好む。

30 ムチゴケ

○ ○ × △ ×

入手しやすさ ★

ウロコのように見える葉と、葉の裏から伸びるムチ状の枝が個性的。

MOSS 4 INTRODUCTION

コケを入手するには

コケは自然に生えているものですが、作品作りにはさまざまな理由から、
栽培されたコケを使うのがおすすめです。
コケの選び方や入手の方法などを紹介します。

コケを 選ぶポイント

作品に適した種類を選ぼう

苔テラリウム・苔玉・苔盆栽・苔アクアテラリウムそれぞれの作品に適した種類のコケを選ぶのが重要です。盆栽で育てることができるコケでも、テラリウムだとうまく育たないなど、同じコケがどの育て方でもうまくいくわけではありません。また、道路の脇など、身近な場所にもコケは生えていますが、それらは栽培には適さない種類が多く、移植しても失敗してしまうことが多いのです。採取するよりも種類がわかっているコケを購入したほうが安心です。

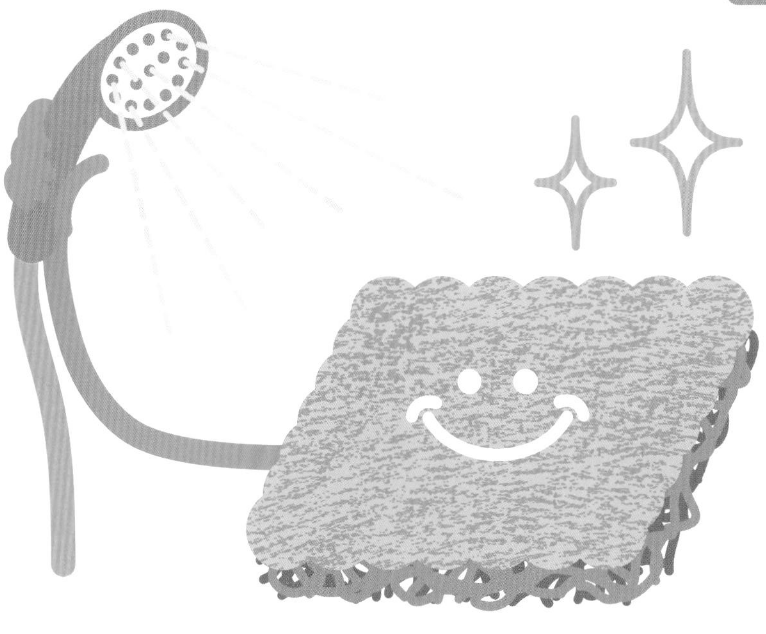

洗浄済みのコケがおすすめ

苔テラリウム用のコケの場合、専門店では洗浄したコケを販売しています。栽培品のコケであっても、山林で生産している場合、土壌や枯れ葉が多く付着しています。未洗浄のコケをそのまま植えると、コケに付着した土や枯れ葉などに小さな虫が潜んでいて、あとからトラブルになることも。自分で水洗いして、きれいにしたものを植えれば問題ありませんが、土のついていない洗浄済みのきれいなコケを購入するのが、手間がかからずおすすめです。

栽培されたコケを使ったほうがいいのはなぜ？

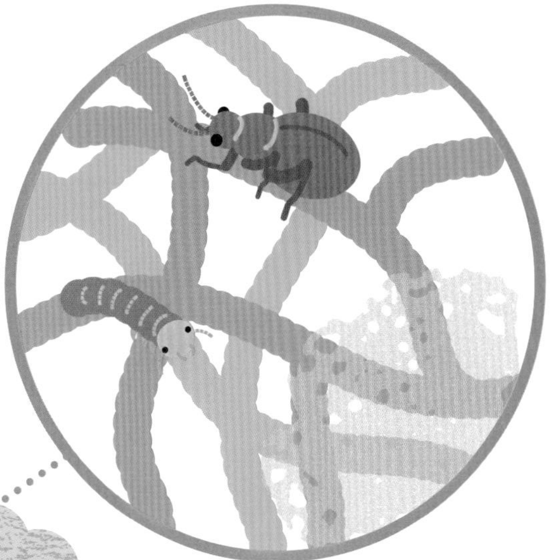

きれいなコケを使うことが失敗しないポイント

流通しているコケには、コケ農家が栽培した「栽培品」のコケと、山林で採取した「山採り」のコケがあります。自然から採取したコケには虫や虫の卵が隠れていることがあり、作製してからトラブルの原因になることも。栽培品のコケは山採りのコケと比べ清潔で、カビや虫の発生などのトラブルが少なく育てやすいため、コケ初心者には特におすすめです。

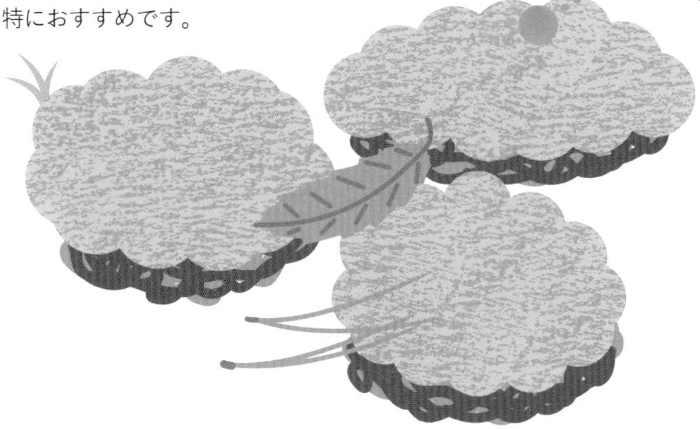

コケブームから乱獲やマナー違反が問題に

昨今のコケブームが起点となり、特にコケの景勝地や国定公園内での違法採取が問題になっています。見渡す限りコケが生えているので、少しぐらいと思ってしまいますが、私有地や保護地区での無断採取は違法になることはもちろん、コケの塊の一部を採取したことで、周りのコケまで枯死してしまうことがあるのです。

森を散策していると、苗木がコケの中から生えている姿を目にします。コケが苗木の成長に必要な水分や養分を蓄え、ゆりかごのような役割を担っています。大きな目で見ると、コケを失うことは森の衰退にも繋がってしまうのです。適正な管理のもと栽培増殖されたコケを使用して、森の育みをやさしく見守っていきたいですね。

コケ・道具・材料の入手先

コケや道具、材料はネットショップや通信販売のほか、
園芸センターや100円ショップなどでも販売されています。
おすすめの入手先を紹介します。

※詳しいショップリストはP.95を参照。

大型園芸店

苔盆栽に使用するコケや苔玉に使用するコケは、大型園芸店を探してみましょう。苔玉に使える苗木や草花を購入することもできます。
テラリウムコーナーがある店舗なら、テラリウム用のコケや材料がひと通り手に入ります。

アクアリウムショップ

水中や水辺に使用するコケは、アクアリウムショップを探すと見つかります。また、陸地と水辺両方に生息する動植物を取り入れるパルダリウムのコーナーがある店舗なら、陸上のコケや苔テラリウムに使いやすい小型の植物も販売しています。

コケ専門店、ネットショップ

コケの種類を揃えたいなら、コケ専門店や専門店が運営しているネットショップがおすすめです。ガラス容器や用土・道具など専用のものを購入することができます。コケの生産地や専門店から直接送られてくるので、鮮度のよいコケが届くのも魅力です。

100円ショップ、雑貨店

100円ショップや雑貨店には、ガラス容器や作品作りの材料になる手軽なアイテムがたくさんあります。専門店では見つからない独創的なアイテムに出会うことも。作品のアイディア探しに出かけてみるのもよいでしょう。

ジオラマショップ

苔テラリウムに使う、フィギュアやオブジェを探すなら、ジオラマショップがおすすめです。近隣にない場合は、ジオラマショップが運営するネットショップもあるので、探してみましょう。

Chapter 1 MOSS TERRARIUM

はじめての苔テラリウム

室内で手軽にコケを育てられる「苔テラリウム」。
間近でコケの成長の様子が楽しめるのが魅力です。
水やりの頻度も少なく、管理の手間もかからないので苔インテリアのスタートにおすすめ。
コケ同士の組み合わせ、材料の素材や容器の工夫などで
作品のイメージが自由に変えられます。

MOSS TERRARIUM
Part 1

基本の苔テラリウム

ガラス容器にコケを植えれば、室内に〝小さな苔の森〟が再現できるのが「苔テラリウム」。文字が読める明るさがあれば、気軽にコケが育てられます。蓋のある密閉型の容器を選ぶと、初心者でも管理しやすいのでおすすめ。

密閉容器

幅：8cm
奥行：8cm
高さ：7cm

育てやすさ
★★★

作りやすさ
★★★

製作時間
20分

まずは密閉型の容器で作ってみよう

ガラス製の蓋つきの容器に、テラリウムに向くコケを植えてみましょう。水やりは２～３週間に一度の霧吹きでＯＫ。初心者には、アラハシラガゴケ、ホソバオキナゴケ、ヒノキゴケ、ホウオウゴケが育てやすいので特におすすめです（P.14も参照）。

材料 Supplies

1 アラハシラガゴケ

こんもりとした形に伸び、丈夫なので育てやすい。成長がゆっくりめなので、小さな容器でも長く楽しめる。成長し始めの若い葉は白っぽい緑色をしている。

2 用土

赤玉土に、富士砂と燻炭を各１割混ぜた土がコケに最適。コケの専用土もある。土は再利用せず、未使用のものを使うこと。テラリウム用に配合済みの用土も販売されている。

3 容器

ガラス製の蓋つきの容器。ゴムパッキンがついているものは気密性が高くなりすぎるので、ガラスやコルクの蓋の容器を選ぶ。8～10cmぐらいのものが育てやすく、初心者におすすめ。

道具 Tools

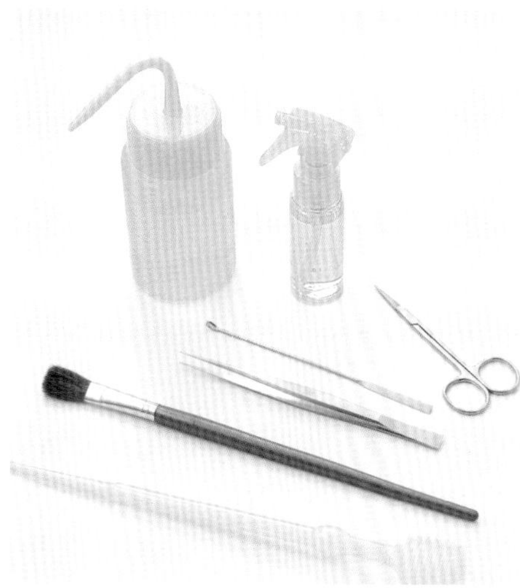

1 ピンセット

まっすぐで先端が細い、ステンレス製のものがおすすめ。使用後はゴミを取り除き、清潔にする。

2 ハサミ

まっすぐで先端が細い、ステンレス製のものがおすすめ。眉用のハサミで代用可。使用後は清潔にして油を薄く塗っておく。

3 霧吹き

テラリウム作製時のほか、コケの水やりにも使用。細かい霧が出るものを選ぶとよい。

あると便利

1 水差し

用土をまんべんなく湿らせる時に便利。

2 筆／棒／スポイト

用土をととのえたり、余分な水を吸う時に便利。

基本の作り方

用土やコケの準備、植え方などは多くのテラリウム作りに共通のものです。
材料のコケは元気できれいな状態のものを選びましょう。

① コケと用土を準備

コケの裏側の茶色い部分のゴミ(枯れ枝や枯葉など)をピンセットで取り除く。土がついていたら水洗いする。カビや虫の発生原因になるので丁寧に。

容器に用土を2cmほどの深さまで入れる。用土全体が湿るまで水を注ぐ。

② コケを挟めるサイズにカット

コケの塊を指でつまみ、ピンセットで挟めるサイズにそっとちぎる。塊のまま植えず、少しずつ植えるのがきれいなテラリウム作りのポイント。

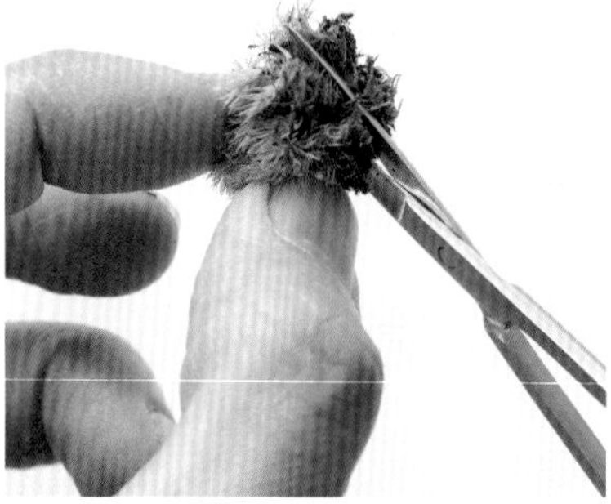

コケの裏側の茶色の部分は用土に埋まる部分1〜2cm程度を残して、ハサミでカットして取り除く。

③ コケを挟んで植える

コケの緑色の部分をピンセットで真上からしっかりと挟む。コケはつぶれても問題ないので、しっかりと挟むのがポイント。

用土にピンセットを真上からズブッと差し込み、コケを指や棒(ミクロスパーテル)でそっと押さえてピンセットを抜き取る。その際、ピンセットを開きすぎないようにするのがポイント。同じ作業を繰り返す。

容器の側面とコケが密着して窮屈にならないよう、1cmほどの余白を残してバランスよく全体に植え付ける。

管理のポイント

置き場所は、文字が読める程度の明るさがあり、直射日光が当たらない場所を選びます。
また、コケは暑さに弱いので、室温は30度を超えないようにしましょう。

Point 水やり

２～３週間に一度程度、霧吹きでコケ全体が湿るように水やりする。土が乾いてきたら、土まで湿るよう水差しを使って水を足す。入れすぎたらスポイトなどで吸い出す。

Point 換気

水やりの時以外は蓋を閉めたままでも問題はないが、1日１回５分程度、蓋を取って換気をすると、よりコケが丈夫に育つ。

Point 飾り方バリエーション

コケは種類によって、形状や成長の仕方もさまざまです。
容器によってもイメージが大きく変わるので、好みで選んでみましょう。

ツルチョウチンゴケ

透明感のある葉で、這うように伸びるツルチョウチンゴケ。横に広がるように成長するので、余白を多めにとって植えるようにする。石を組み合わせると、石に這い上がって伸びる姿を楽しめる。

カモジゴケ

コケ1本1本の姿が観察できるように、ゆったりと植えるようにする。細長く徒長(細長くひゅうっと伸びること)しやすいので、毎日換気をするとふっくらとしたきれいな形に成長する。

MOSS TERRARIUM

Part 2

密閉型容器 通気型容器の 苔テラリウム

初心者でも育てやすい密閉タイプの容器のほか、空気が通る、通気のある容器もおすすめです。通気型の容器を使うと、より自然に近い姿のコケを育てることが可能。容器の気密性に合わせた、作製や管理のポイントを紹介します。

密閉容器
直径：8cm
高さ：11cm

通気容器
直径：9cm
高さ：9cm

育てやすさ
★★★

作りやすさ
★★★（密閉）
★★★（通気）

製作時間
各20分

密閉型のポイント

水分の蒸発が少ないため、水やりの頻度が少なく済むのが密閉型容器のメリット。
エアコンを使用している室内など、乾燥しやすい場所に特におすすめです。
コケが元気に育つためには時々換気するとよいでしょう。
密閉型に適した種類のコケを選びましょう。

徒長したヒノキゴケ

Point 水やり

２～３週間に一度程度、霧吹きでコケ全体が湿るように水やりする。容器の密閉度によって水やりの頻度を調整する。水を入れすぎたらスポイトで吸い出す。

Point 換気

密閉型の容器の場合、コケが徒長しやすくなることも。1日5分程度蓋を取って換気すると、コケが太く丈夫に育つ。

通気型のポイント

蓋と容器の間にわずかな隙間がある通気型。空気が入れ替わるため
密閉型と比べてコケが徒長しにくいメリットがあります。
やや乾燥しやすいので水やりのタイミングに気をつけましょう。

Point 水やり

コケの乾き具合を見ながら週に一度を目安に水やりする。季節によって乾き具合が変わるので調整する。特にエアコンを使用している時は乾燥に注意。

土がかなり乾いているようなら水差しで水を足す。土が全体的に湿るまでが目安。水を入れすぎたらスポイトで吸い出す。

いろいろな容器で苔テラリウムを楽しむ

テラリウム用容器にはシンプルなもののほかに、さまざまなデザインのものもあります。コケの魅力を引き出せる容器の選び方と、作製のポイントを紹介します。

密閉容器

試験管型
直径：4cm
高さ：13cm

育てやすさ ★★

作りやすさ ★★

製作時間
30分

試験管型のポイント

コケの様子がわかりやすい試験管タイプ。いろいろな種類のコケを植えて、
標本のように並べて飾ったり、コレクションのように集めたりしても楽しい！
試験管立てに並べると理科の実験のようです。

試験管型のように縦長の容器は、背が高くなるコケや、横から見た姿がきれいに見える種類がより映えるのでおすすめ。小さな容器なので、窮屈になりすぎないように気をつける。

Point 換気

サイズが小さく、密閉する容器はよりコケが徒長しやすいので、時々換気する（1日5分程度が目安）。

密閉容器

通気容器

たまご型
直径：8cm
高さ：13cm

フィグ型
直径：10cm
高さ：15cm

球体型
直径：7cm
高さ：7cm

三角フラスコ型
直径：8cm
高さ：13cm

シャーレ型
直径：10cm
高さ：6cm

ボックス型
幅：8cm
奥行：8cm
高さ：7cm

育てやすさ
★★~★★★

作りやすさ
★★~★★★

製作時間
各10分~30分

いろいろな容器のポイント

さまざまな形状の容器でテラリウムを作る時は、容器のデザインや特性に合わせたコケを選び、作製することが大切です。
容器選びで作品のイメージがガラリと変わるので、好みの容器を探して楽しみましょう。

Point 作製ポイント

シャーレ型のように背が低い容器には、ホソバオキナゴケやタマゴケのようにこんもりと成長するタイプのコケを植えるとよい。

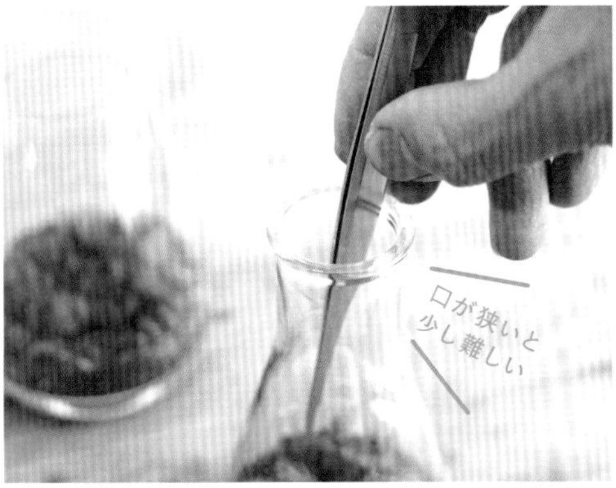

口が狭い容器は植え付けが難しいので、初心者には口の広い容器がおすすめ。

MOSS TERRARIUM
Part 4

4種の寄せ植え
苔テラリウム

背が高い、低い、這う、など、タイプの異なるコケを組み合わせて、寄せ植えにしてみましょう。容器の中でコケの森の風景が広がっていきます。複数のコケを組み合わせることで、コケの自生地のような風景や、ジオラマのような作品を作ることができます。

密閉容器
幅：10cm
奥行：10cm
高さ：8cm
育てやすさ ★★★
作りやすさ ★★
製作時間 **60分**

寄せ植えのポイント

コケの風景を再現するデザインのためには、アクセントとバランスが重要。
コケが成長する数か月後の姿を想像しながら植えていきましょう。
テラリウムに向くコケを選べば、複数種を寄せ植えにしても
管理方法は基本と同じです。

デザインのポイント

複数のコケを組み合わせるには、以下の４つのポイントに気をつけましょう。
メリハリのある見栄えと、自然の風景のように成長していく様子も楽しめます。

1 個性をいかそう

背が高い、背が低い、這うように伸びる、などのタイプの違うコケを使う。

2 アクセントを効果的に

アクセントとなる種類（背が高くなる、形状に特徴があるなど）を２〜３か所に分けて配置する。

3 密植しすぎないように

コケが成長する余地を残して配置すると、成長してからも見栄えのする作品になる。

4 バランスを考えよう

全体のバランスをとるように背が低いコケ、這うタイプのコケを配置する。

MOSS TERRARIUM

Part 5

石や砂を使った苔テラリウム

レイアウトにさまざまな種類の石や砂を使うと、コケの風景の印象が大きく変わります。奥行や高さを演出できる、作製とデザインのポイントを紹介します。

密閉容器

直径：10cm
高さ：12cm

育てやすさ ★★★

作りやすさ ★★

製作時間 60分

高さのあるテラリウム

用土を斜めに入れることで、傾斜のあるダイナミックな風景を再現。
コケの生える小さな崖を思い浮かべながら作製しましょう。
石を岩に見立てて配置してからコケを植え付けます。

Point 作製ポイント

用土を斜めに入れる時は一度に入れず、水で湿らせながら段階的に入れていくと傾斜が崩れにくくなる。容器を斜めにして作業すると傾斜が作りやすい。

用土に埋め込むように石を配置し、手前に砂を敷く。コケは傾斜の下から植え付けていく。高さと奥行のある作品が完成。

道のあるテラリウム

２種類の色味の異なる砂を使って、道のイメージを描きます。
コケの小道がどこまでも続くような景色を思い浮かべながら作製してみましょう。
コケを植える前に砂を配置すると、きれいに仕上がります。

Point 作製ポイント

水槽の底砂用として使われるパウダーサンドで自然な仕上がりの道を作り、好みの石を左右に配置する。道の両脇に火山礫が細かく砕かれてできた富士砂を敷くと引き締まった印象に。

道は手前を広く、奥が狭くなるように砂で描くと遠近法の効果で奥行感が増す。砂と石で風景のベースを作ってからコケを植えていく。

MOSS TERRARIUM
Part 6

フィギュアで楽しもう

フィギュアを使うと、さまざまなシチュエーションの作品が作れるので、贈り物や記念品にもぴったり。自由な発想で自分だけのオリジナルの作品を作りましょう。

作品名
コケの森の結婚式

すがすがしい新緑の中での結婚式をイメージ。未来への道を清らかな白い砂で描きました。新郎新婦にコケのむすまで幸せになってもらいたいとの願いを込めて。

密閉容器
直径：10cm
高さ：10cm
育てやすさ ★★★
作りやすさ ★★
製作時間
60分

作品名
おとぎの国の家

童話の世界から出てきたような、森の中の小さな家。建物と砂の色調を合わせて、やさしくナチュラルな雰囲気に。コケの森の妖精が暮らす家を思い浮かべながら作製しましょう。

密閉容器
直径：7cm
高さ：8cm
育てやすさ ★★★
作りやすさ ★★
製作時間
40分

Point
作製ポイント

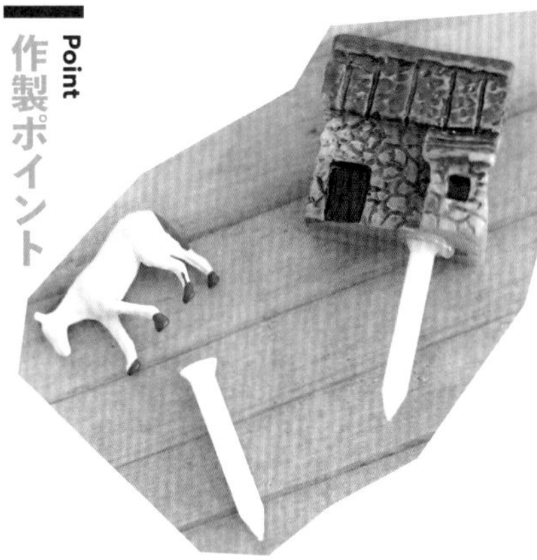

フィギュアの裏側にはプラスチックやステンレス製の釘を接着しておくと配置しやすい。鉄製の釘は錆びやすいので使わないこと。また、木製や紙粘土などの焼いていない粘土製のフィギュアはカビの原因になるので避ける。

作品名

牧場の朝

みずみずしいコケを牧草地に見立てた作品。草原でのびのびしている牛たちに癒やされます。コケの牧草はおいしいのかな?

通気容器
直径:12cm
高さ:12cm
育てやすさ ★★★
作りやすさ ★★
製作時間 60分

作品名

登山家たち

そそり立つ岩山に挑戦するロッククライマーたち。石選びでイメージががらりと変わります。

通気容器
幅:10cm
奥行:10cm
高さ:10cm
育てやすさ ★★
作りやすさ ★★
製作時間 60分

作品名

千本鳥居

伏見稲荷大社の千本鳥居をイメージして製作しました。コケの緑に真っ赤な鳥居が映えて、神秘的な雰囲気が出ています。

通気容器
幅:20cm
奥行:10cm
高さ:10cm
育てやすさ ★★
作りやすさ ★
製作時間 90分

作品名

苔むしたビールケース

ミニチュアを活用すれば、ユニークな作品作りが可能。ビールのケースにコケが生えたテラリウムは独特の世界観。

100円ショップを利用しよう

専門店やオンラインショップだけでなく、身近な100円均一のショップにもテラリウムに活用できるものがたくさん。容器やフィギュアなど上手に活用しましょう。

通気容器
直径：14cm
高さ：12cm
育てやすさ ★★
作りやすさ ★★
製作時間 60分

※100円ショップで揃えたもの：ビールケース・ガラス容器

Point
作製ポイント

ミニチュアのビールケースの中にもコケを植えて、時間の経過を表現。ピンセットは先の細いものを使いましょう。ビールケースに水で溶かした赤玉土を塗って汚れた感じを表現。

管理にも

100円ショップには材料だけでなく、管理にも使えるグッズも。LEDライトは卓上でテラリウムを飾る時にも便利。

作品名

地層のテラリウム

100円ショップの高さのあるボトルを使って、コケに砂利やミズゴケを組み合わせて地層をデザインしました。

密閉容器
直径：12cm
高さ：20cm
育てやすさ
★★★
作りやすさ
★★
製作時間
90分

※100円ショップで揃えたもの：
ガラス容器・砂利・軽石・ミズゴケ

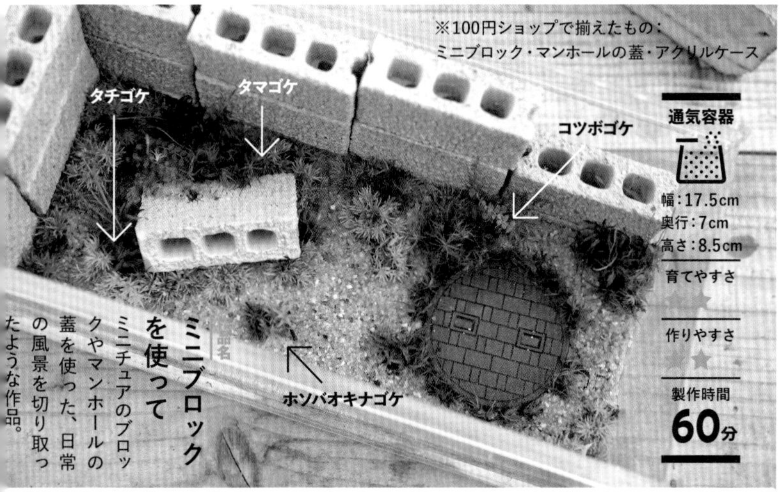

※100円ショップで揃えたもの：
ミニブロック・マンホールの蓋・アクリルケース

作品名

ミニブロックを使って

ミニチュアのブロックやマンホールの蓋を使った、日常の風景を切り取ったような作品。

通気容器
幅：17.5cm
奥行：7cm
高さ：8.5cm
育てやすさ
★★
作りやすさ
★★
製作時間
60分

作品名

ミニ実験器具を使って

人気の実験器具のミニチュア版を使えば、大人の自由研究のような雰囲気に。通気型の小型容器は乾きやすいので、乾燥に強い種類のコケを選んで。

通気容器
三角フラスコ型
直径：4cm
高さ：8cm
ビーカー型
直径：3cm
高さ：5cm
育てやすさ
★★
作りやすさ
★★
製作時間
20分

※100円ショップで
揃えたもの：ガラス容器

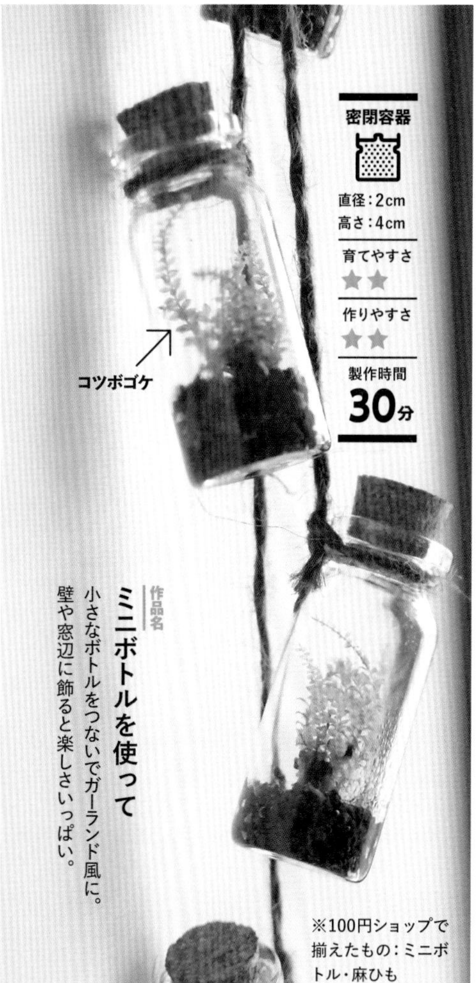

作品名

ミニボトルを使って

小さなボトルをつないでガーランド風に。壁や窓辺に飾ると楽しさいっぱい。

密閉容器
直径：2cm
高さ：4cm
育てやすさ
★★
作りやすさ
★★
製作時間
30分

※100円ショップで
揃えたもの：ミニボトル・麻ひも

MOSS TERRARIUM

Part **8**

ほかの植物との組み合わせ

生育環境がコケと似た植物なら、同じテラリウムで育てることができます。コケと相性のよい植物の組み合わせとポイントを紹介します。植物の葉が茂りすぎたら、コケに光が当たるよう適宜カットしましょう。

作品名

シダとコケ

シダの仲間のヒメカナワラビと石を組み合わせて。シダが太古の雰囲気を高めます。

通気容器

直径：12cm
高さ：15cm

育てやすさ ★★

作りやすさ ★★

製作時間 **60分**

作品名

セントポーリアとコケ

可憐なセントポーリアの花で華やかに。花が咲き終わっても葉のグリーンが楽しめます。

通気容器

直径：14cm
高さ：18cm

育てやすさ ★★

作りやすさ ★★

製作時間 **60分**

作品名

フィットニアとコケ

網目模様の葉が印象的なフィットニア2種を組み合わせて。リズム感のある配置でいっそう楽しげに。

通気容器

直径：14cm
高さ：11cm

育てやすさ

作りやすさ

製作時間
60分

Point 作製・管理のポイント

成長の早い植物の葉は適宜剪定して、コケが葉の陰にならないように気をつける。

カビなどの発生を防ぐため、組み合わせる植物についた土をきれいに洗い落とす。

セントポーリアは葉や茎の傷んだところから腐敗しやすいので、殺菌剤で消毒してから植えるとよい。

中心に植えたセントポーリアの存在をいかすため、コケは背丈の低い種類を選ぶ。また、コケとほかの植物を組み合わせた場合は春と秋に液体肥料を与える。

MOSS TERRARIUM

Part 9

LEDライトを活用しよう

日当たりの悪い室内でも、LEDライトを使えばコケを元気に育てることができます。ライトアップされた作品も幻想的。環境と好みに合わせて活用しましょう。

スタンド型LEDライト

手軽に設置できて、置き場所も自由に変えられて便利なスタンド型ライト。ライトの高さを調整して、コケに適した明るさに調整しましょう。

通気容器

直径：12cm

高さ：15cm

LEDライト選びのポイント

コケを育てるには500～2,000ルクス程度の明るさの光が必要です。
太陽の光に近いことを表すRaの値が100に近いものを選ぶとよりよいでしょう。

Point

管理ポイント

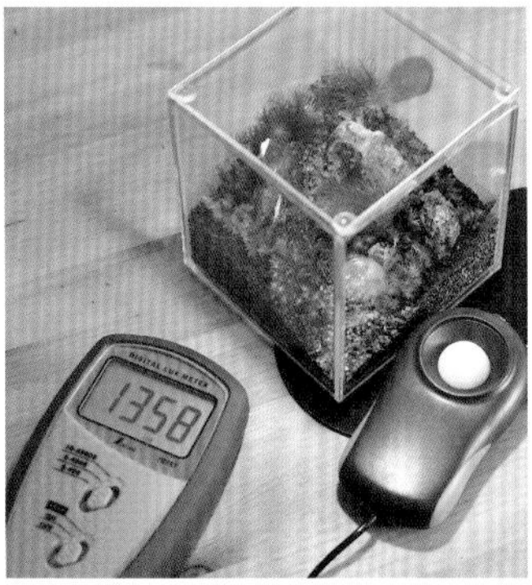

植物用の育成ライトも多数販売されている。コケ用には強すぎるものもあるので、上記の明るさを目安にする。

水槽用のLEDライト。自然光が入る部屋で、補助的に使う場合は、市販のデスクライトでもＯＫ。

光が強すぎる場合には、ライトとコケの距離を離すようにする。

LEDライト使用のポイント

ライトは1日に8〜10時間点灯させておきましょう。24時間点灯させ続けていると、コケにとってストレスになり、傷む原因にもなるので注意します。

Point 管理ポイント

タイマーを利用すると、不在時にもオン・オフできるので便利。

照明と一体型の容器もある。点灯時間に注意する。このタイプの容器は熱がこもりやすいので、必ず通気タイプの容器を選ぶようにする。

バー型LEDライト

バー型ですっきりと水槽タイプの容器につけられるライト。広範囲を照らすので全体に光がいきわたり、みずみずしさもいっぱい。

通気容器

幅：25cm
奥行：16cm
高さ：16cm

こんなとき
どうする?

Q&A MOSS TERRARIUM 苔テラリウム

**初心者でも作りやすくて育てやすい、テラリウム。
よくある「困った!」にお答えします。**

Q テラリウムの**コケが茶色く**なってしまいました

A **カビの原因**になることも。放置せず早めにトリミングしましょう

茶色くなったのがコケの一部であれば、それほど心配はいりません。茶色くなったコケはカビの原因になるので、ハサミでカットして早めに取り除きましょう。
コケが根元から塊で茶色くなった場合は、菌類が繁殖して枯れている可能性があります。茶色くなったコケは根元から取り除き、園芸用の殺菌剤をかけておくようにしましょう。

どちらの場合も早めに発見すれば心配いりません。日頃からよく観察し、発見したら早めに取り除きましょう。

茶色くなったら早めにトリミングする

Q **道端のコケ**はテラリウムに使えますか?

A 道端のコケはテラリウムに**不向きな種類が多い**ため、おすすめしません

道端のコケはギンゴケやホソウリゴケなど、そもそもテラリウムに向かない種類が多く、テラリウムで育てるのはとても難しいです。また、野外に生えているコケにはカビや虫の原因となる汚れがついていることが多く、カビや虫の予防のためにも、苔テラリウムを作る際は栽培ゴケを使ったほうがよいでしょう。清潔な栽培ゴケを使用して作ったほうが、作製後のトラブルも少なく済みます。

道端のギンゴケ

テラリウムのコケに**白いホワホワ**したカビが生えてきました

取り除いて清潔にすることが基本。カビではなく**コケの「仮根」のことも**

コケの先端に白っぽいホワホワしたものがついていたら、カビの可能性があります。見つけたら、綿棒などを使ってカビを丁寧に取り除きます。コケが茶色くなっている場合は、茶色くなったコケも切り、取り除きましょう。広範囲にカビが生えてしまった場合は、容器から取り出して流水でしっかりと洗い、容器も洗って、新しい用土に植え付けましょう。
また、茎に沿って白や茶色の仮根がつくこともありますが、こちらはそのままでも特に問題はありません。カビ予防のためには、ゴミや土を取り除いた清潔なコケで作製すること、コケが茶色になったら早めに取り除くことです。対策としては、上記のようにカビの部分を取り除き清潔にしたうえで、園芸用の殺菌剤を使うとよいでしょう。

ホソバオキナゴケについたカビ

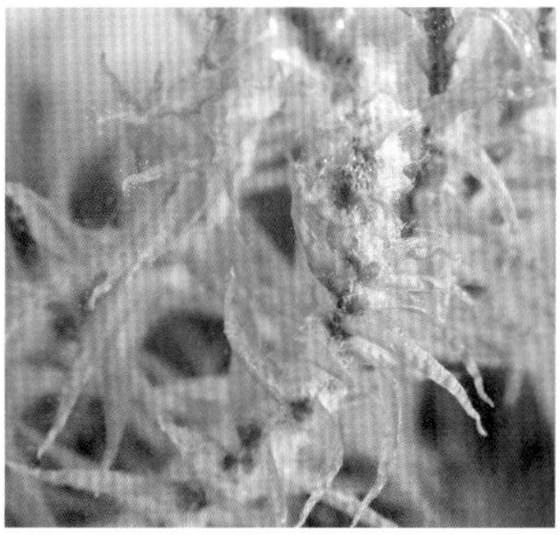
シッポゴケの仮根。カビではない

オオスギゴケの仮根

虫がつくことはありませんか？

きれいな材料を使って作れば**心配いりません**

蓋のあるガラス容器で育てる苔テラリウムは、あとから虫が入る心配はありません。作製する時にきれいな材料を使いましょう。コケにはイモムシやコバエなど小さな虫がつくことがあります。材料のコケにゴミや土がついていると虫の卵が混入することがあるので、コケの下の茶色の部分はきれいに取り除いてからテラリウムに使いましょう。
また野外で採取したものではなく、清潔な環境で育てられた栽培ゴケを使用するのもポイントです。虫を発見したらピンセットなどで取り除き、園芸用の殺虫剤を使うとよいでしょう。

ホソバオキナゴケについたマルトゲムシ

ガガンボの幼虫のふん

こんなとき
どうする？

Q&A

MOSS TERRARIUM
苔テラリウム

Q テラリウムを作って**余ったコケの保管**方法は？

A 乾燥させないよう、適温で管理して**なるべく早めに**使いましょう

パックに入ったコケの場合、余ったらパックに戻し、乾かないように湿らせておけば２週間程度は問題なく保存できます。密閉のプラスチックカップの場合は中の温度が上がりやすいため、コケが蒸れないように気をつけます。長期間保存するとコケが弱ってくるので、早めに使いましょう。
長期間不在にする場合などは、食品用の保存容器に湿らせた赤玉土を敷き、その上にコケを並べ、蓋をして保存します。保存容器に直接入れるより、赤玉土を敷いたほうが湿度が保たれてコケが傷みにくくなります。同じ保存容器に何種類かのコケを一緒に入れておくことも可能。1か月以上保存しても問題ありません。いずれもなるべく涼しい場所で保管しましょう。

パック入りのタマゴケ

タマゴケを保存容器で保存

Q 苔テラリウムのコケに**肥料は必要？**

A コケのみなら**不要**、他の植物と組み合わせるなら**液体肥料**を与えましょう

コケに肥料は基本不要だが、葉の色が薄くなった場合などに肥料は有効。与えすぎには注意する

自然界のコケは雨水だけでも育ち、多くの栄養を必要とはしていません。苔テラリウムの場合も肥料は不要ですが、長く育てていると葉の色が薄くなってしまうことも。長く元気に育てるためには、観葉植物用の液体肥料を観葉植物と同じ倍率に水で薄めて霧吹きで与えます。成長期の春と秋に1回ずつ与えれば十分です。
与えすぎると、藻が発生してガラスの内側や土が緑色に汚れる原因にも。コケのほかに、シダやランなどを一緒に植える場合には、その植物に適した肥料を与える必要があります。シダやランに与える程度であれば、コケに悪い影響はありません。いずれの場合にも与えすぎには注意。固形の肥料や有機質の肥料は、コケを傷めるので与えないようにしましょう。

MOSS Column ①

「コケをふやしてみよう」

コケは成長とともに
ふえていきますが、
株分けしたり、
トリミングしたコケを使ったりして
ふやすことができます。
初心者でもやりやすい方法を
紹介します。

方法1 株分けでふやそう

テラリウムでは、育てて2年ほどで容器の中いっぱいにコケが育ちます。
株分けはコケをふやすための一番基本的な方法。
取り出して株分けし、ふやしていきます。

容器からふえたホソバオキナゴケを取り出し、古い土をきれいに落とす。コケに土がこびりついている時には、水ですすぎ洗いしてもよい。

手でちぎるようにしてコケを半分に分け、茶色くなった部分をハサミでトリミングして整える。コケに厚みがある時には、P.24の要領でコケの裏側をカットするとよい。

できあがり

容器を2つ用意し、新しい用土を使って植え付ける。

※容器を再利用する場合は、きれいに洗って使うこと。

方法2 まきゴケでふやそう

成長したコケを細かく刻んでふやすまきゴケは、葉や茎から再生する能力を利用する方法です。コケの小さな新芽が芽吹いて成長していく過程を、自由研究のように観察して楽しむこともできます。

成長したスナゴケをハサミで2〜3㎜の大きさに刻んで、土の上にまく。霧吹きで湿らせ、蓋をして管理する。

できあがり

1〜2か月で新芽が再生してくる（写真は2か月後）。

※もとの状態まで成長するには半年程度かかるので地道な方法だが、小さなコケが芽吹いて、成長していく過程を観察できる。
※まきゴケで出てくる新芽の数や成長の早さは、コケの種類によって異なる。まずは、新芽が出てきやすいスナゴケやタマゴケで試してみるのがおすすめ。

5〜6か月後

こんな楽しみかたも

ルーペで観察して楽しもう

苔テラリウムで育てたコケをルーペで観察してみましょう。コケの種類ごとで異なる葉の形や、新芽が出てくる様子を観察でき、肉眼で見るのとはまったく違ったコケの世界が広がります。倍率の高いルーペでコケを観察する時のポイントは、まずルーペを目にしっかりつけること。次にルーペと目の距離は固定したまま、コケにピントが合うまで近づきましょう。容器の中でうまくピントが合わない時には、少しだけピンセットでつまみ出しても大丈夫。観察が終わったらそっと戻しましょう。

コケ観察には葉や仮根など細部まで観察できる、倍率10倍程度のルーペがおすすめ。野外でのコケ観察にも使用できる

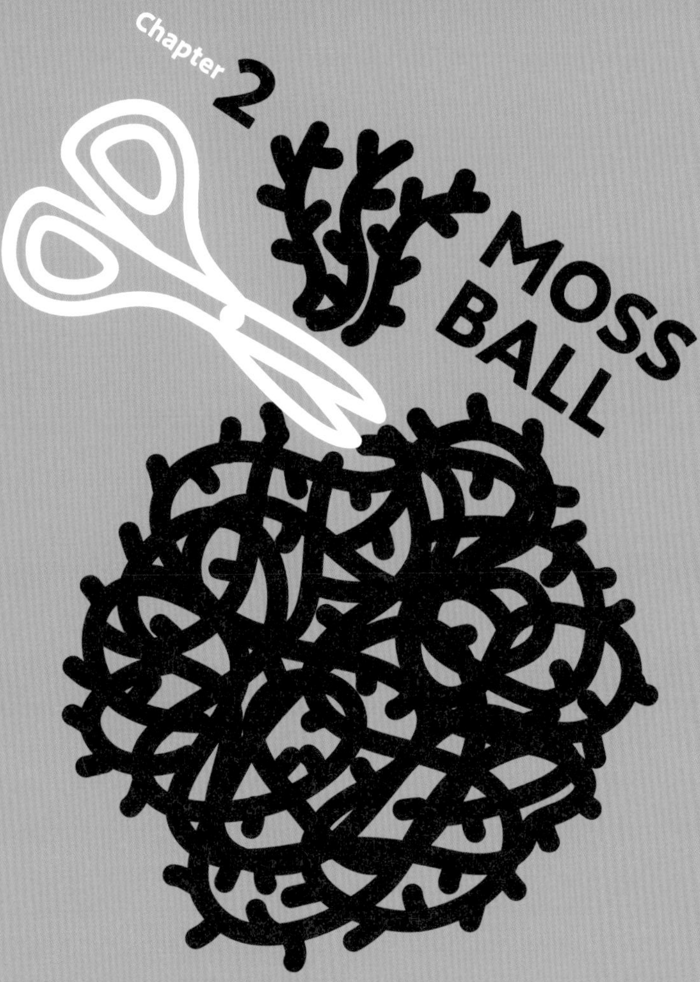

はじめての苔玉

丸い形がかわいらしさ抜群の苔玉。屋外管理が基本で、
乾燥には注意が必要です。
苔玉に合ったコケの選び方や
上手に丸くまとめる方法など作り方のポイント、
室内でも楽しめる方法や飾り方などを紹介します。

MOSS BALL

Part 1

基本の苔玉

もふもふしたコケが丸くまとまった姿がかわいらしい苔玉。丸く形をまとめる技があれば、初心者でも挑戦できます。元気に育てるためには、屋外で管理するのが基本。室内に飾るのは時々にしましょう。

使ったコケ

シノブゴケ

育てやすくて人気のシノブゴケの苔玉。室内に飾るのは、月に2～3日程度がよいでしょう。長くても1週間以内にします。

容器サイズ
直径：10cm

育てやすさ
★★

作りやすさ
★★★

製作時間
30分

使ったコケ

コツボゴケ

透き通った葉が美しいコツボゴケで、表情豊かな苔玉を。水やり直後はキラキラと輝いているようです。

容器サイズ
直径：10cm

育てやすさ
★★

作りやすさ
★★★

製作時間
30分

丸い形にまとめる工夫を

小さく細長いコケを丸くまとめるのが難しそうな苔玉も、身近なものを使ってひと工夫。かわいらしくまとまります。ハイゴケ、コツボゴケ、シノブゴケ、ツルチョウチンゴケ、ツヤゴケ、オオバチョウチンゴケなどが扱いやすいのでおすすめ。

材料 Supplies

1 ハイゴケ
苔玉用として一番なじみの種類。園芸店での扱いも多く入手しやすい。這うように成長し、明るめの日陰を好む。

2 用土
苔玉には硬質で小粒の赤玉土を使用。ふるいにかけて粉状の部分を取り除き、粒状の部分を使う。

3 器（受け皿）／鉢底ネット
盆栽用の穴のあいた薄い盆栽鉢を使用。プラスチックの受け皿に水抜き用の穴をあけることで代用できる。穴に鉢底ネットを敷いて使う。

4 砂利
ここでは麦飯石を砂利として使用。富士砂などの多孔質（P.12）のものが向いている。砂利を敷くことで適度な保湿効果がある。

5 ネット
排水口用のネット。用土を丸い形にまとめるのに効果を発揮。

6 木綿糸
コケをまとめるのに使用する。

道具 Tools

1 ピンセット／ハサミ
（P.23を参照）

2 ふるい
用土の粉を取り除くのに使用する。

3 ボウルまたはバケツ
完成した苔玉を水に沈めて吸水させるのに使用する。

あると便利

1 土入れ
用土をすくって容器に入れるのにあると便利。

2 霧吹き／ジョウロ
水やりにあると便利。

基本の作り方

粘土質の土を使わず、粒状の赤玉土をネットでまとめて使用するのがポイント。苔玉内部まで新鮮な水や空気がいきわたるので、苔玉を丈夫に育てることができます。きれいな緑色の苔玉を作るためには、もとのコケの裏側についている茶色の部分を取り除いてから作ることが大切です。

① 用土とネットを準備

粒状の赤玉土をネットに入れて、丸に近い形にまとめる。

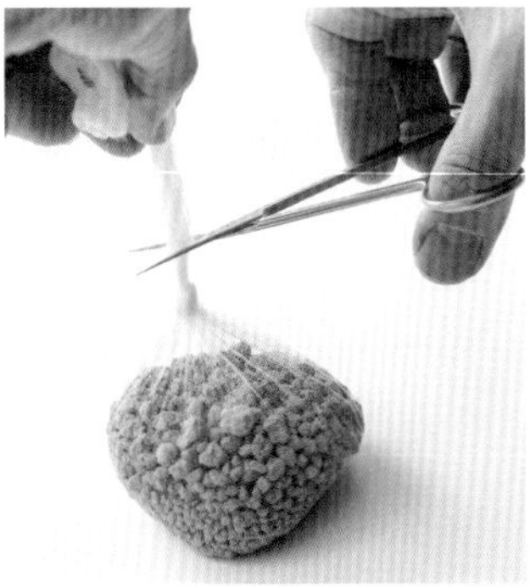

丸い形にしたままネットの端をしばり、余分な部分をカットする。

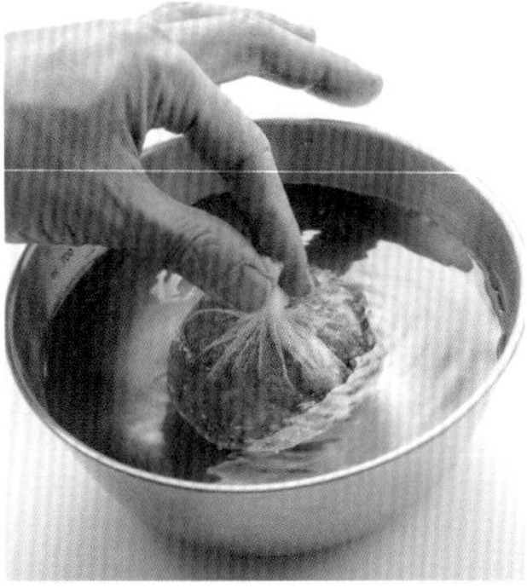

ボウルに水を入れ、丸めた用土を2〜3分ほど浸ける。軽くすすいで取り出す。

② コケを準備して巻きつける

コケは緑色の部分から仮根（根のように絡む器官）が出て用土の玉に絡みつくので、裏側の茶色い部分をカットして用土の玉にかぶせる。

用土の玉をコケでくるみ、包む。底面は光が当たらず枯れてしまうので、コケを巻きつけずそのままにしてもよい。

木綿糸で押さえるように巻きつけていく。いろいろな方向から20回ほど巻き、丸い形にしていく。

③ 仕上げて飾る

巻きつけたら、糸を切って端をピンセットでコケの中に挿し込む。水を張ったボウルに苔玉を入れて2〜3分ほど沈め、よくすすいで取り出す。

穴のあいた器に鉢底ネットを敷き、さらに湿らせた砂利を敷く。

苔玉をのせて飾る。朝日が当たり、雨水がかかる場所に置くのがベスト。

管理のポイント

苔玉の置き場所は、直射日光が長時間当たらない屋外が最適です。ベランダなどで育てる場合は、コンクリートにじかに置いたり、室外機の前に置くのは温度が上がりすぎるのでＮＧ。台などの上に置きましょう。また、穴のあいた器を使用し、水が溜まらないようにしましょう。

Point 屋外で管理

室内栽培（左）とベランダ栽培（右）のハイゴケの苔玉。同じ大きさから始めて60日後の様子。ずっと室内で管理するのはとても難しい。

Point 水やり

苔玉は頻繁に水やりをする必要があります。春〜秋は1日１回を目安に、朝または夜の暑くない時間帯にたっぷり与えましょう。

ジョウロでたっぷり

毎日、器の下から水が流れ出るぐらいジョウロでたっぷりと与える。霧吹きでは足りないのでＮＧ。月に一度、30分程度バケツの水に浸ける。雨に当てるとゆっくり水を吸うので、コケがより元気になる。

乾燥がひどい時は

長時間水やりができず、苔玉がかなり乾燥してしまった場合は、水を張ったバケツに30分程度沈めて吸水させる。カラカラに乾燥させてしまっても、すぐに枯れてしまうことはない。

Point トリミング

コケが伸びすぎたら、丸くトリミングする。すっきりと苔玉らしい表情に。写真はコツボゴケ。コケの種類によって伸び方や伸びる期間は異なる。

Point 飾り方バリエーション

コケの種類によって、苔玉の表情も変わります。吊り下げて飾っても新鮮。飾る環境の明るさや湿度管理には気をつけましょう。

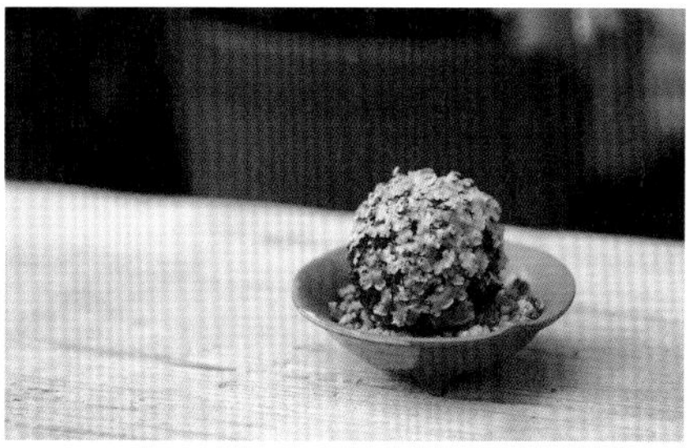

フタバネゼニゴケ

苔類のコケも苔玉で楽しめる。フタバネゼニゴケは土に密着するように成長するため、苔類の中でも苔玉におすすめ。苔類は乾燥させると急に弱ってしまうので、乾燥には十分に注意が必要。

オリーブの木に吊して

ツルチョウチンゴケをオリーブの木に飾って。皿に置いて育てるよりも乾きやすいため、乾きやすい時期は朝晩1日２回水やりをする。

四季を楽しむ苔玉

苔玉にモミジなどの落葉樹を植えると、5～6月頃の芽吹きから新緑、秋の紅葉と四季それぞれの表情を楽しめます。基本の苔玉と同様、管理は基本屋外で。室内に飾るのは1週間以内にしましょう。

モミジ・7月
使ったコケ シノブゴケ

作品サイズ
直径：10cm
高さ：20cm

育てやすさ ★★

作りやすさ ★★

製作時間
60分

作製のポイント

コケは肥料をほぼ与えなくても成長しますが、コケ以外の植物を組み合わせる場合は、その植物に肥料分が必要です。組み合わせる樹木はモミジのほか、ハゼノキやメギ、コマユミなどが紅葉するのでおすすめです。

Point 肥料が必要

基本の苔玉（P.50）と同様、粒状の赤玉土をネットに入れたら、緩効性肥料を小さじ1杯（1g）程度加えて混ぜておく。

モミジ・11月

使ったコケ　ハイゴケ

Point　モミジの土を落とす

モミジの苗木の根についている土は、すべて洗い流して落とし、根だけにする。

Point　根を用土で覆う

モミジの根をネットの用土に入れ、周りを覆うように丸い形にくるんでいく。

Point　水に浸けてすすぐ

ネットの端をしばり、余分な部分をカット。バケツに水を入れ、丸めた用土を2〜3分浸け、軽くすすいで取り出す。基本の苔玉(P.50)と同様にコケを巻きつける。

Point　管理のポイント

穴のあいた器に鉢底ネット、湿らせた砂利を敷き、苔玉をのせて飾る。基本の苔玉同様、朝日が当たり、雨水がかかる場所に置く。毎日ジョウロでたっぷり水を与える。

MOSS BALL

Part 3

花咲く苔玉

生育環境がコケに近い植物を苔玉と合わせて、花を咲かせると季節感がいっそう楽しめます。四季を楽しむ苔玉（モミジ・P.52）と同様に作りましょう。置き場所も朝日が当たり、雨水がかかる場所がベストです。

ギボウシ

すらっと長く伸びた茎に涼しげな花を咲かせるギボウシ。苔玉と組み合わせたフォルムは端正な美しさです。花期以外も葉を楽しめます。冬は葉がなくなり、コケだけの苔玉となるので春の芽吹きを待ちましょう。

使ったコケ
ツルチョウチンゴケ

作品サイズ
直径：10cm
高さ：25cm

育てやすさ
★★

作りやすさ
★★

製作時間
60分

作製・管理のポイント

四季を楽しむ苔玉（モミジ・P.52）と同様、用土に緩効性肥料を混ぜ、組み合わせる植物の根の土を落として作ります。花以外に、ヤブコウジやキンズなどの実を楽しむ植物でも作れます。管理も基本屋外で。室内に飾るのは１週間以内にしましょう。

室内栽培の苔玉（左）とベランダ栽培の苔玉（右）。コケも組み合わせる植物も、室内のみの管理ではうまく育たない。

ヤマアジサイ

ヤマアジサイは小さく育てても、毎年花を咲かせやすく苔玉向きです。品種によっていろいろな花色を楽しめます。

使ったコケ
ハイゴケ

作品サイズ
直径：10cm
高さ：25cm

育てやすさ
★★

作りやすさ
★★

製作時間
60分

Point 飾り方バリエーション

室内に飾る場合は、1週間以内にするほか、直射日光やエアコンの風が直接当たる場所は避ける。

アセビ

半日陰でも丈夫でよく育ち、小さな花を房状にたくさん咲かせるアセビ。苔玉に組み合わせて、春の訪れを堪能して。

サクラとスミレ

苔玉に組み合わせるのは、半日陰でも育つ植物がおすすめ。サクラとスミレを組み合わせて華やかに。多湿と乾燥に気をつける。

MOSS BALL

Part 4

苔玉テラリウム

屋外で苔玉を管理するのはなかなか難しい……。そんな時はテラリウムにしてみましょう。屋外管理のものとは、コケの種類・作り方を変えるのがポイント。水やりも少なく済み、管理しやすいのがメリットです。

使ったコケ

ホソバオキナゴケ

吊り下げた苔玉を近くで楽しめる苔玉テラリウム。じか置きタイプは水やりも霧吹きでOKですが、吊り下げタイプはやや乾きやすいので、2週間に一度は水に浸けましょう。

容器サイズ
口径：6cm
直径：17cm
高さ：24cm

育てやすさ

作りやすさ

製作時間
150分

テラリウム用のコケを選ぼう

室内で管理する苔玉テラリウムには、こんもりタイプで成長のゆっくりな種類、徒長しにくい種類のコケを選ぶと、管理しやすく球状の形もキープしやすくなります。

材料 Supplies

1 アラハシラガゴケ

成長がゆっくりで、こんもりと育つ。新しい葉はやや白っぽく見える。

2 吸水フォーム

球形の吸水フォームを苔玉の土台として使用する。四角の吸水フォームを球形に加工して使用しても。

3 器

ガラス製のテラリウム容器。ここでは通気のあるタイプを使用。密閉タイプも可。

4 砂利

川砂利を使用。砂利を敷くことで適度な保湿効果がある。

5 S字フック／針金（15cm）**／テグス**（15cm）**各１個、磁石**（直径1cm）**2個**

吊り下げ用に加工するために使用する。透明なテグスを使うことで、苔玉が浮いているように見える。

道具 Tools

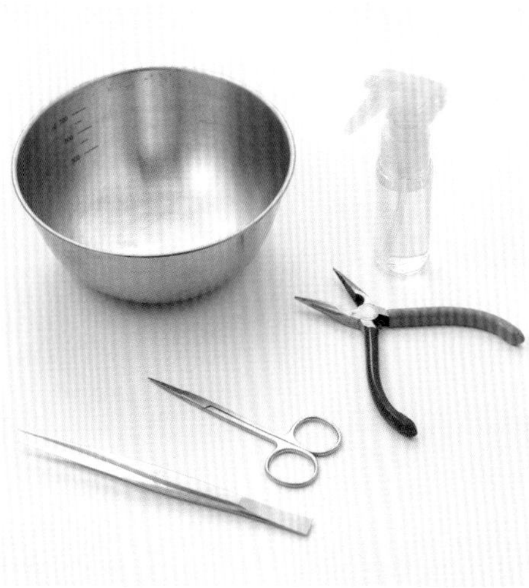

1 ピンセット／ハサミ／霧吹き

（P.23を参照）

2 ボウル

完成した苔玉を水に沈めて吸水させるのに使用する。

3 ラジオペンチ

針金を吊り下げ用に加工するのに使用する。

基本の作り方

球形の吸水フォームを土台にしてコケを植えます。吊り下げ用の加工をすると、
苔玉がガラス容器の中で浮いているような演出ができます。

吸水フォームに水を吸わせる。水面にそっと置いてゆっくりしみ込むのを待つ。

コップにラップを敷き、その上に水を吸わせた吸水フォームをのせる。

ピンセットを使って吸水フォームにコケを挿すように植える。2㎜程度の深さに挿し込む。

根気強く植え付けていく。同じ深さに挿すのがきれいな形に仕上げるポイント。

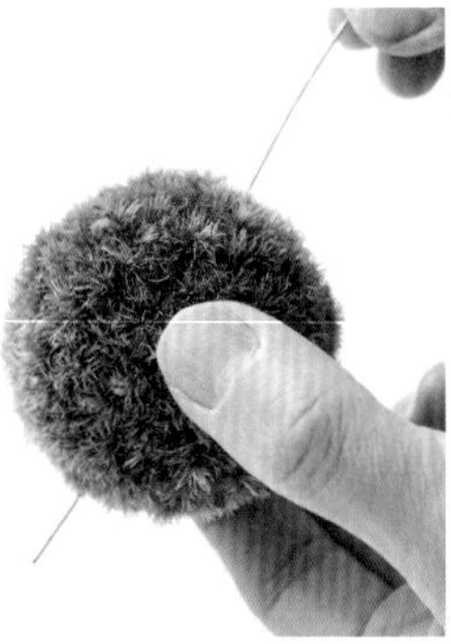

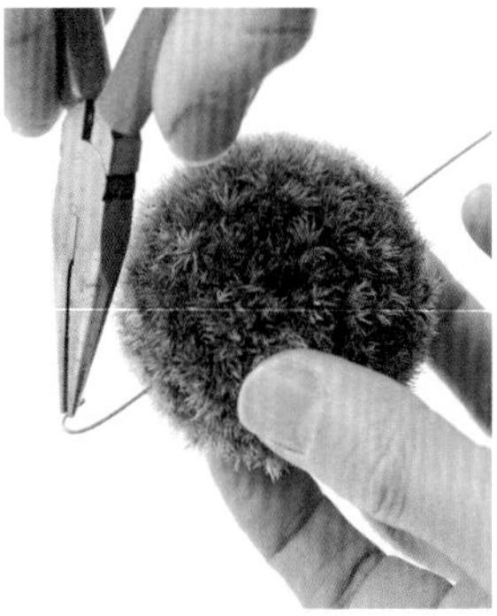

苔玉の中心に針金を通し、先をラジオペンチでU字に曲げてから引き上げる。

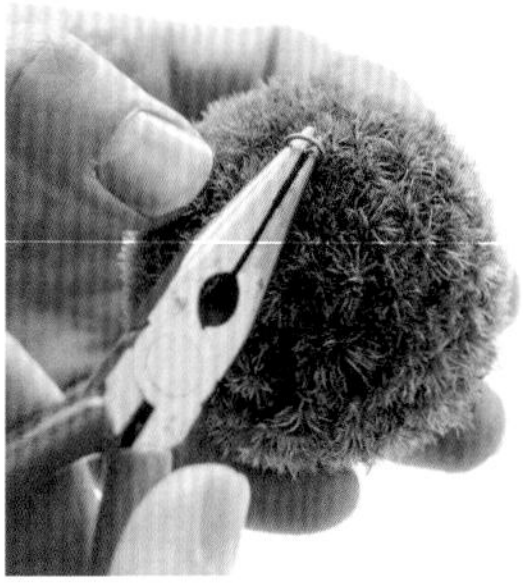

反対側をラジオペンチで丸めて輪を作る。

輪ができた状態。

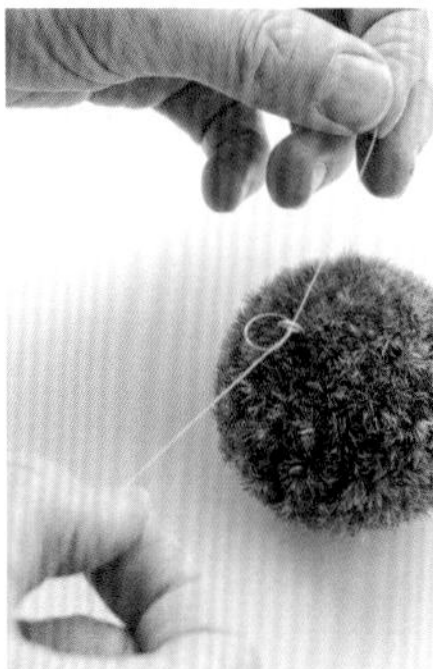

針金で作った輪にテグスを結ぶ。

苔玉の位置がガラス容器の中心になるようテグスの長さを調整する。

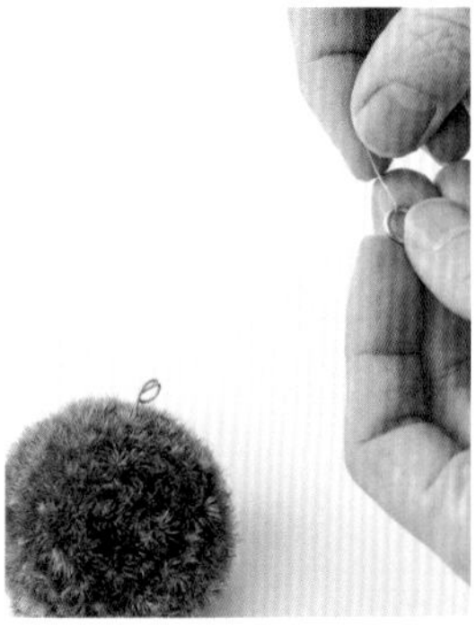

テグスを調整した位置で切り、S字フックに結ぶ。

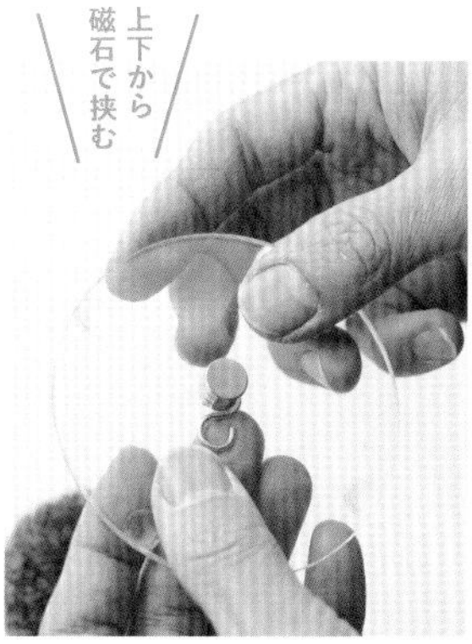

蓋とS字フックを磁石２個で挟むようにして固定する。強力なネオジム磁石を使うと固定しやすい。

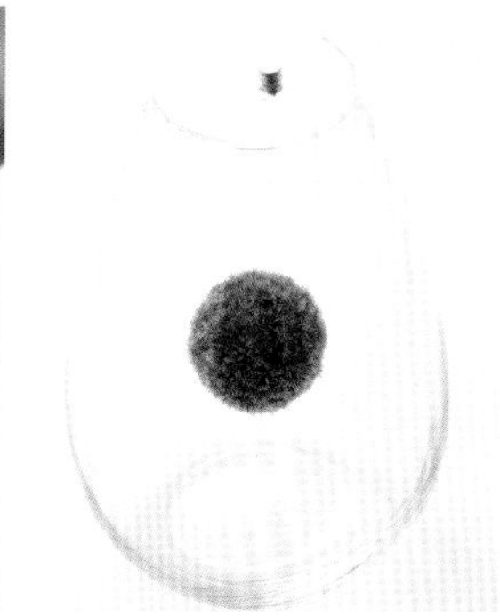

蓋に吊した苔玉をテラリウム容器に入れる。

管理のポイント

基本の育て方は苔テラリウム（P.25）と同じ。吊り下げタイプは乾きやすいため、２週間に一度容器から取り出して、５分間程度水に浸けてゆっくり水を吸わせるようにする。容器の底に湿らせた砂利を敷いておくと、湿度を保ちやすくなる。

Point 飾り方バリエーション

通常のテラリウムの景色の中に苔玉を組み合わせても。用土の上にじか置きにする場合、苔玉の下面にはコケを植えない。

苔玉テラリウムに向くコケ

ホソバオキナゴケ、アラハシラガゴケ、タマゴケなど、こんもりと育つタイプで、成長がゆっくりなコケが向いている。写真はタマゴケ。屋外管理の苔玉には適しているハイゴケ、シノブゴケなど、這うタイプの種類はテラリウムの中では徒長しやすく、きれいな球体を保つのが難しいので、避けたほうがよい。

こんなとき どうする？

Q&A MOSS BALL 苔玉

かわいらしい形をいかしたい苔玉。
きれいな姿をキープするために、
作り方と管理で気をつけることとは？

Q 苔玉の**コケが茶色く**なってしまいました

A **蒸れ**や**光不足**が考えられます

室内で苔玉を育てていると、光不足や乾燥によって１か月程度でコケが茶色くなってきます。室内に飾るのは２～３日程度にして、必ず屋外の明るめの日陰で育てるようにしましょう。
また、受け皿に水を溜めていると、溜まった水が熱せられ、苔玉が蒸れて傷むことがあります。穴あきの受け皿を使用して、水が溜まらないように気をつけます。
写真のように完全に茶色くなった場合、回復は難しいため、コケを剥がして新しいコケに張り直す必要があります。

茶色くなったコツボゴケの苔玉

Q 苔玉に**虫**はつきますか？

A 虫がつくことはあります。虫が苦手なら**テラリウム**で育てる苔玉がおすすめ

コケは小さな虫の隠れ家になるため、コバエや小さなガの幼虫がつくことがあります。コケを食べる虫は少ないですが、ガの幼虫やダンゴムシなどがコケを食べることがあります。
ガラスで囲われたテラリウムは、外から虫が入ってくることがありません。作る時に清潔なコケを使っていれば虫の心配がないため、虫が苦手ならテラリウムで育てる苔玉がおすすめです。

湿度の管理もしやすく、虫の心配もいらない苔玉テラリウム

Q 苔玉と**木**や**草花**など、ほかの植物を**組み合わせ**たいのですが

A 植物とコケ**両方に合わせた管理**が必要になります

木や草花などほかの植物を組み合わせる場合、その植物とコケ両方に合わせた置き場所や水やり、肥料やりが必要になり、管理が複雑になります。組み合わせる植物を選ぶポイントは、できるだけコケと同じような環境で育つ種類の植物にすることです。

他の植物と合わせるよりも、コケだけで作る苔玉のほうが育てるのは簡単です。はじめて苔玉を育てる人には、まずはコケのみのシンプルな苔玉がおすすめです。

コケのみで作った苔玉のほうが管理しやすい

ヤマアジサイの苔玉

コケのみが茶色くなった苔玉

Q 苔玉に植えた**木や草花が枯れて**しまいました

A **水不足**の可能性が。また、落葉樹は冬に葉を落とします

苔玉の水やりを、霧吹きだけでしていませんか？木や草花は苔玉の中にある土に根を張っているため、根まで水がいきわたるように水やりする必要があります。霧吹きだけでは十分に水がいきわたらないので、必ずジョウロでたっぷりと水を与えるようにしましょう。乾いてしまった場合には、水を張ったバケツに30分間程度沈めて水をゆっくり吸わせるようにします。

また、モミジなどの落葉樹や宿根草は冬になると葉を落とし、春までは枝だけの状態になります。こちらは枯れているわけではありません。

冬のコツボゴケ。コケも季節によってコンディションが変化する

冬になり落葉し始めたギボウシの苔玉。春になるとまた芽吹き始める

冬になり落葉したモミジ

こんなとき
どうする？
Q&A
MOSS BALL
苔玉

Q 苔玉の**受け皿**は
なんでもよい？

A **穴あき**のもの、
または穴をあけて
蒸らさない工夫を

苔玉を置いている皿に水が溜まって蒸れるのがもっともNG。水やり後、皿に溜まった水をそのつどこぼしてもよいですが、毎回行うのは大変です。
穴のあいた薄い盆栽鉢に砂利を敷き、その上に苔玉を置きます。砂利は富士砂や麦飯石など多孔質（P.12）のものがよく、砂利を敷くことで保湿効果が得られます。
プラスチックの受け皿に穴をあけて、砂利を敷く方法でも代用可能です。穴が詰まらないよう、5㎜以上の大きさの穴を数か所あけておくとよいでしょう。

器と鉢底ネット、砂利を用意。器は水抜き用の穴があるものを選ぶか、穴をあける

砂利を敷いてから苔玉を置くことで、適度な湿度をキープできる

Q ベランダに日除けがなく
直射日光が当たって
しまいます

A ほかの鉢植えを利用して
木漏れ日を作るのが
おすすめ

苔玉に当たる日光は、午前9時くらいまでの朝日がベスト。日中から夕方の直射日光が当たってしまう場合には、ほかの鉢植えを利用して木漏れ日を作るのがおすすめです。季節ごとで日の射し込む角度は変わるので、観察しながら置き場所を調整しましょう。
日を遮る鉢植えがない場合には、園芸用の日除けネットや、よしずを利用して日陰を作ります。

ほかの鉢植えを利用した日除け。コケには木漏れ日の適度な日陰が理想的

Chapter
3
MOSS BONSAI

はじめての
苔盆栽・苔アクアテラリウム

コケを主役にした盆栽は、コケが引き立つ器や石などの
組み合わせがポイント。屋外管理が基本で乾燥には
注意が必要ですが、工夫すれば室内でも楽しめます。
苔アクアテラリウムは、水中でも育つコケと植物をいかした
新しいインテリア。透明感と涼しげな表情に癒やされます。

MOSS BONSAI Part 1

基本の苔盆栽

一般的な盆栽では植物の引き立て役のようなコケ。
ここでは、コケが主役の盆栽を紹介します。
器や鉢との組み合わせによって新たな表情を発見できます。
テラリウムでは育てにくい種類のコケが盆栽だと育てやすいこともあります。

上左
直径：8cm
高さ：6cm

上右
直径：8cm
高さ：5cm

下左
直径：8cm
高さ：5cm

下右
直径：8cm
高さ：6cm

育てやすさ ★★

作りやすさ ★★★

製作時間
各60分

使ったコケ
スナゴケ
星形の明るいグリーンが印象的なコケ。

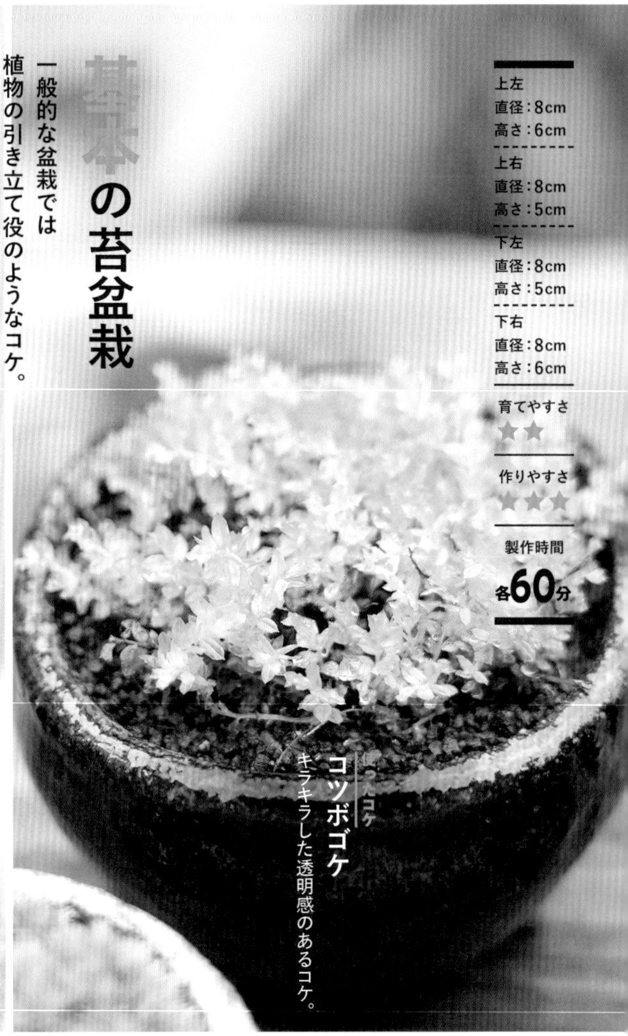

使ったコケ
コツボゴケ
キラキラした透明感のあるコケ。

使ったコケ
カモジゴケ
ふわふわした、動きのある盆栽に。

使ったコケ
シッポゴケ
ふさふさした尻尾のようなコケ。

1種類ずつだと育てやすい

それぞれのコケの特徴や性質をいかして管理しやすくするために、はじめは１種類の苔盆栽にするのがおすすめです。慣れてきたら、生育環境が似ている種類のコケを寄せ植えにしてもよいでしょう。

材料 Supplies

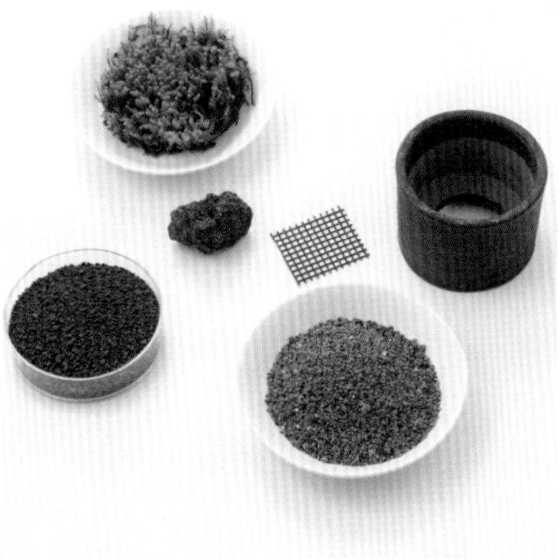

1 スナゴケ
星のような形が人気。乾燥に強く日当たりを好む。

2 用土
赤玉土に、富士砂と燻炭を各１割混ぜた土。水はけのよいものを選ぶ。

3 器と鉢底ネット
ここでは多肉植物用の器を使用。器の大きさは直径８～10㎝くらいで、水はけがよい底穴が大きくあいたものが好ましい。素焼き鉢や小さなテラコッタでも代用可。

4 化粧砂／石
ここでは富士砂、溶岩石を使用。多孔質の石を使うとコケが着生しやすい。

道具 Tools

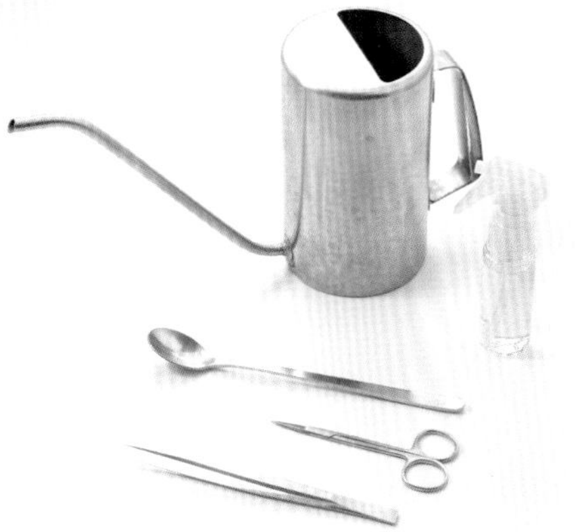

1 ピンセット／ハサミ／霧吹き
（P.23を参照）

2 ジョウロ
水やりに使用する。

あると便利

1 スプーン／筆
用土や砂利をすくったり、ならしたりするのに便利。

2 土入れ／棒
用土を入れたり、ととのえたりするのに便利。

基本の作り方

用土やコケの準備、植え方などは多くのコケ盆栽作りに共通のものです。
材料のコケは元気できれいな状態のものを選びましょう。

① コケと用土を準備

器に鉢底ネットを敷いて用土を入れる。ぎりぎりまで入れすぎないこと。

用土に少し埋めるようにして石を配置する。

用土の表面をならす。筆を使うとやりやすい。

用土全体が湿るように水を注ぐ。器の下から流れ出るぐらいが目安。

② コケをカットして植える

コケは裏側の茶色い部分をきれいにして、塊を指でつまみ、ピンセットで挟めるサイズにそっとちぎる。コケの緑色の部分をピンセットで真上からしっかり挟み、用土に挿すようにして植え付けていく。

同じ作業を繰り返す。容器の周囲1cmくらいコケを植えずに余白をあけた部分を作っておく。

③ 仕上げる

余白部分に化粧砂を敷く。スプーンを使うとやりやすい。

完成。器の下から流れ出るぐらい、ジョウロでたっぷり水を与える。朝日が当たり、雨水がかかる屋外に置く。

管理のポイント

苔玉同様、苔盆栽も直射日光が長時間当たらない屋外での管理が基本です。ベランダなどで育てる場合、台などの上に置いて過度な温度の上昇を防ぎます。水やりも同様に、器の下から水が流れ出るぐらいジョウロでたっぷりと与えましょう。

Point 適材適所で元気に

１種類ずつのコケの盆栽は作りやすく、置き場所も工夫しやすいのでおすすめ。スナゴケなら日当たりのよい場所、タマゴケなら日陰、というようにコケの特性に合わせられるので、元気に育つ。

Point 仮根の力が重要

コケは仮根が張ると保水力が増し、乾燥に強くなる。そのため、作製してから１か月間は乾かさないように特に注意しながら水やりを。受け皿を使う場合は水が長時間溜まっているとコケが蒸れるので気をつける。

Point 飾り方バリエーション

コケと器の組み合わせで、作品の見え方が大きく変わる。自分好みの組み合わせを探してみましょう。胞子や新芽の成長など季節によって表情が変わっていくのも魅力。苔盆栽なら小さい容器で育てられるので、狭い場所でもいろいろなコケを集めることができます。

波打つ透き通った葉が美しい。

傘（雌器托《しきたく》）が出ると小さなヤシの木のよう。

ネズミの尻尾に似た姿のコケ。

テラリウムで育てる苔盆栽

屋外での管理が基本の苔盆栽も、ガラスの器やカバーを使ってテラリウムにすることで、室内で育てられます。管理の方法も基本的には苔テラリウムと同じなので、手軽に苔盆栽に挑戦できます。

使ったコケ

カモジゴケ

きめが細かくやわらかな印象のカモジゴケを盆栽に。室内に置けば成長の様子も間近で観察できます。

密閉容器

直径：10cm
高さ：18cm

育てやすさ ★★★

作りやすさ ★★★

製作時間 **30分**

Point 飾り方バリエーション

ホソバオキナゴケ、タマゴケ、カモジゴケ、タチゴケ、オオシラガゴケ、オオスギゴケの寄せ植え。

寄せ植えにしても

複数のコケを寄せ植えにすることもできます。ホソバオキナゴケ、タマゴケ、カモジゴケ、ヒノキゴケなどテラリウム向きの種類を選びましょう。スナゴケなど、屋外向きのコケは盆栽テラリウムとして育てるのには向きません。

乾燥を防いで室内でも育てやすく

苔盆栽をテラリウムにすると、室内で管理できるとともに、乾燥に弱いタイプのコケを盆栽にすることも可能です。水やりはテラリウム同様、2週間に一度程度、霧吹きで与えて用土が湿った状態を維持します。

コケの豆盆栽

テラリウムなら水やりが難しい豆盆栽も簡単に育てられる。器とコケを組み合わせて楽しみたい。

MOSS AQUA TERRARIUM

Part 1

基本の苔アクアテラリウム

ボトルの水中にコケを入れて楽しむアクアテラリウム。透明感がコケをいっそう引き立て、涼しげな雰囲気に。手軽にできるので初心者にもおすすめです。

使ったコケ

ウィローモス

グラスに入れるだけでできる、ウィローモスの苔アクアテラリウム。テーブルに気軽に飾れます。

容器サイズ
直径：8cm
高さ：18cm

育てやすさ ★★★

作りやすさ ★★★

製作時間 **10分**

水中のコケを室内で楽しむ

グラスやボトルにコケを入れるだけでできる苔アクアテラリウム。自然界でも水中や水辺に生育している種類を選ぶのがポイントです。おすすめはウィローモス、ホウオウゴケ、イチョウウキゴケ、オオバチョウチンゴケなど。苔テラリウムと管理方法はほぼ同じです。

管理のポイント

１～2週間に１回程度水をすべて入れ替える。水を容器からこぼすか、用土に植えた場合にはスポイトで吸い出し、新しい水を注ぐ。水道水を直接使用してＯＫ。

Point 水替え

使ったコケ

イチョウウキゴケ

自然界では沼や池に浮いているイチョウウキゴケ。分裂しながらふえていく様子も観察できます。

容器サイズ
直径：14cm
高さ：18cm

育てやすさ
★★

作りやすさ
★★★

製作時間
10分

Point 飾り方バリエーション

1～2週間に1回程度水をすべて入れ替える。

ホウオウゴケ（左）、オレゴンリバーモス（右）

アクアリウム用土を先に入れてコケを植え付け、水を注ぎ入れた作品。コケは水中で育てると細長く徒長した状態になるため、地上で育てるのとは違う形に変化していく。

MOSS AQUA TERRARIUM

Part 2

ビオトープ風 苔アクアテラリウム

苔アクアテラリウムのバリエーションとして、水中と水辺を作るビオトープ風の風景をガラス容器に再現しました。水の好きなコケや植物を植えたら、癒やしの水辺の風景が完成します。

水中のコケ
ホウオウゴケ
ウィローモス

陸地のコケ
オオバチョウチンゴケ
ミズゴケ

容器サイズ
直径：16cm
高さ：11cm

育てやすさ
★★

作りやすさ
★

製作時間
120分

水辺の風景を身近に楽しむ

水中と地上の様子を組み合わせた、ビオトープ風の作品。コケ以外にも水辺の植物を加えることで、さらに奥行が感じられる豊かな作品になります。

材料 Supplies

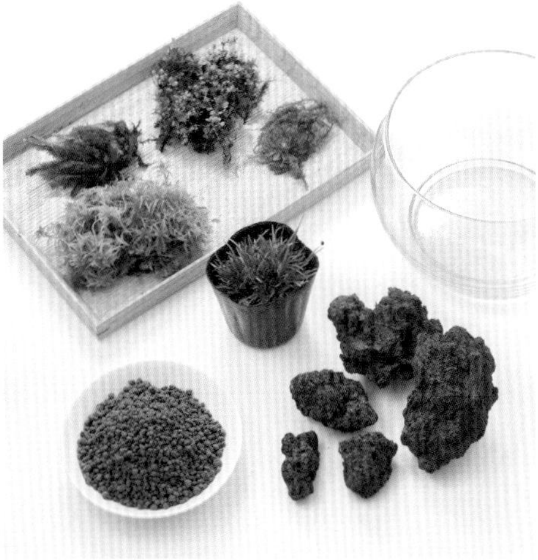

1 コケ類

ホウオウゴケ、ウィローモス、オオバチョウチンゴケ、ミズゴケ。
自然でも水中に生えるようなコケを使用。

2 コケ以外の植物類

ウサギゴケ、ヒメセキショウ、ヒメアオスゲ。
合わせる植物も水辺に生える種類を選ぶとよい。

3 用土と石

アクアリウム用の用土、肥料の入っていないタイプを選ぶ。硬質赤玉土でも代用可。石は赤色溶岩石を使用。多孔質（P.12）の石を選ぶとコケが着生しやすい。

4 器

深さのあるガラス容器。安定感のあるものがよい。

道具 Tools

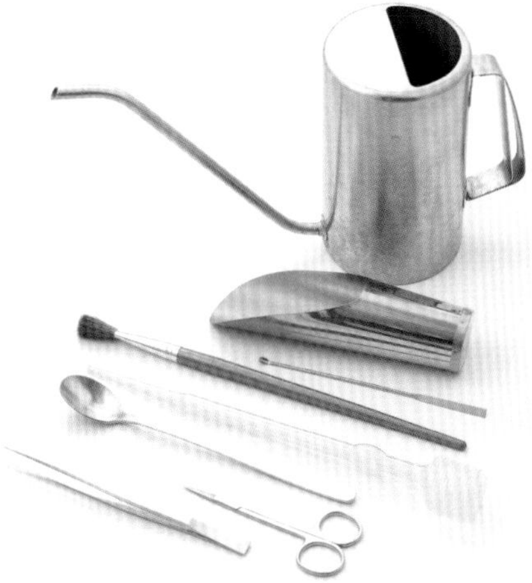

1 ピンセット／ハサミ／スポイト

（P.23を参照）

2 ジョウロ

水を注ぎ入れるのに使用。

あると便利

1 土入れ／スプーン

用土や砂利をすくうのに便利。

2 筆／棒

用土をならしたり、ととのえるのに便利。

基本の作り方

水辺のコケや植物を使ったビオトープ風作品は、苔アクアテラリウムのバリエーションです。
水中や水辺に適した種類の植物とコケを選びます。
栄養の入った土を使用すると藻が繁殖してガラスが汚れやすくなるので注意。

1 用土と石を準備

容器に用土を入れる。水中と陸地を表現するために傾斜をつける。

水中と陸地が分かれるように石を配置していく。

石の隙間に用土を詰める。

水を注ぎ入れる。用土が舞い上がらないようガラス側面に沿わせたり、石に当たるようにしたりして静かに注ぐ。

容器の6～7分目を目安に水を入れる。

2 コケと植物を植える

コケ類の汚れを落とし、ピンセットでつかめる大きさに切り分ける。ホウオウゴケとウィローモスを水中に植え付ける。

植物類の土を取り除いて水洗いし、根のみにする。陸地部分の用土にバランスを見ながら植え付ける。

陸地部分の石と植物の隙間を埋めるようにミズゴケとオオバチョウチンゴケを植え付けていく。

完成。置き場所は苔テラリウムと同様にする（P.25）。

作製のポイント

水中または高湿度の環境で育てるため、コケや植物選びが大きなポイントになります。基本の苔アクアテラリウム同様、水中になる部分には水中で使用できるコケを選びます(P.70)。陸地になる部分には水辺に生えるミズゴケ、オオバチョウチンゴケ、フロウソウ、ムクムクゴケなどを使いましょう。同様に、合わせる植物も水辺で生育するウサギゴケ、ヒメセキショウ、ヒメアオスゲなどを選びます。

管理のポイント

Point 水替え

水が減ってきたらそのつど足し水をし、2週間に1回程度水替えをする。古い水をスポイトなどで抜き取り、新しい水を足して入れ替える。

Point 陸地部分に水やりを

水に浸かっていない陸地部分は乾燥しやすいので、乾かないように2～3日に1回程度水をかける。

Point ガラス表面を掃除

器のガラス表面が藻や水垢で汚れてきたら、メラミンスポンジで掃除するとよい。こまめに水替えすることで、藻の発生を抑えることができる。

Point 水温上昇に注意

水温が上がると蒸れてコケが傷むので注意。特に少ない水で育てる場合、水温が上がりやすいので、夏季は置き場を工夫する。

こんなとき どうする?

Q&A MOSS BONSAI　MOSS AQUA TERRARIUM 苔盆栽・苔アクアテラリウム

かわいらしい形を生かしたい苔盆栽。水中の姿を楽しめる苔アクアテラリウム。作り方と管理で気をつけることとは？

Q 器は**大きい**ほうが育てやすい？ **小さい**ほうが育てやすい？

A **大きいほうが乾きにくい**ため育てやすいです

苔盆栽には、大きめの器で育てたほうが土が乾きにくいため育てやすいです。また、器の深さも浅いものより、深いもののほうが水分を保つことができて育てやすいといえます。はじめて作る時には直径8cmくらいで、深さ6cmくらいの器がおすすめです。豆盆栽用の小さな植木鉢や、浅い盆栽鉢は乾きやすいため、水やりの回数を増やす必要があります。

大きめの鉢のほうが管理しやすい

Q **長期間留守**にする場合、乾燥が心配です

A コケだけの盆栽であれば、数日間完全に**乾燥しても大丈夫**です

コケだけで作った苔盆栽であれば、数日間完全に乾いてしまっても枯れることはありません（ゼニゴケなどの苔類は乾きに弱いので注意が必要）。２～３日の外出であれば、出かける日に水をたっぷりとかけ、そのままで大丈夫です。ただし、植物を一緒に植えている場合は乾かさないよう工夫する必要があります。
コケだけの苔盆栽であれば、1週間以上外出する場合には乾かないようビニール袋や保存容器に入れて、冷蔵庫で保管するのが安心です。冷蔵庫内の温度でコケは休眠状態になるため、１～３週間程度であれば入れたままでも問題ありません。

2～3日程度の外出なら、出発前にたっぷり水やりを

水や容器が緑色に汚れてきました。どうしたらよいですか？

1〜2週間に一度は**水を入れ替え**ましょう

1〜2週間に一度水替えをすると水をきれいに保つことができます。水替えをしないとガラスの側面が藻で緑色に汚れやすくなります。夏は水替えをすることにより、水温を下げる効果もあります。特に小さなグラスで育てる場合には、こまめに水替えをしたほうがよいでしょう。水道水は汲み置きやカルキ抜きは必要なく、そのまま使用します。蒸発して水が減ったときには、随時水を足すようにしましょう。

小さめの容器はスポイトで水替えをするとやりやすい

魚やエビを**一緒に飼う**ことはできますか？

小さな容器で生き物を飼うのは、水質の維持が**とても難しい**です

コケの生えるアクアテラリウムに生き物がいる景色は魅力的ですが、小さな容器で生き物を飼うのは、水質の維持がとても難しいのでおすすめしません。その生き物に合わせた水の量が必要になり、水替えの頻度や方法も生き物の種類によって異なります。
特にエビは水質の変化に敏感なため注意が必要です。また無農薬栽培のコケを使用する必要があります。

ほかの水草と一緒に育てられますか？

コケと共存できそうな**種類選び**がポイント

同じような環境で育つ水草を選べば一緒に植えることは可能です。水草の種類によって必要な光の強さ・温度が異なり、肥料が必要な水草もあります。まずは、ほかの水草と組み合わせるより、コケのみで作るほうが管理は簡単です。アヌビアスナナ、ミクロソリウムなどがコケと合わせやすいのでおすすめです。

コケと相性のよい水草のアヌビアスナナ（左）、ミクロソリウム（右）

MOSS Column ②

「コケの生産」という仕事

手軽にきれいなコケの作品が作れて、「山採り」に比べて虫や雑草などの心配が少ない、「栽培品」のコケ。
コケを専門に生産する仕事とは、どのようなことをしているのか、お話を聞きました。

こけみざわゆうきさん

西予苔園 代表。“さとのやまをめでる”をコンセプトに、コケの美しさを独自の視点で提案するコケ農園を展開。高品質なコケを栽培して環境の負担を減らし、苔テラリウム愛好家の人たちが安心して楽しめるようにとの思いで、コケを生産している。苔テラリウムの製作やキットなどの販売も行っている。

西予苔園ホームページ
https://seiyokoke.com/

雄大な自然の中の恵まれた環境。山に囲まれた谷間にある、コケの栽培場

山で出会ったコケが人生を変えた

花苗や植木を生産する農園があるのと同じように、コケを専門に生産する仕事があります。

愛媛県西予市で西《せい》予《よ》苔園《こけえん》を営み、コケの生産や苔テラリウムの作品を製作して販売する、こけみざわゆうきさん。コケの生産を始めたのは約3年前からです。

以前はWebマーケティングやコンサルティングの会社を経営していましたが、Web業界の仕事はクライアントのお手伝いをする仕事が中心。2019年10月に地元に戻ってリモートワークをしながら、自分の残りの人生を賭けてなにか楽しく取り組める仕事はないかと模索していました。

代々受け継いでいる山があって、「子どもの頃に見た時は桃源郷みたいなイメージだった。久しぶりに行ってみよう」と思い立ち、「ここでなにかできないかな」と歩いていると、ヒノキの根元に光が浮き出てくるように美しい緑のコロニーを発見。「ホソバオキナゴケ」の大きなコロニーでした。調べると、コケを生産する「コケ農家」や趣味で「苔テラリウム」を楽しんでいる人がいると知って、「これだ！」と思いたち、コケ農家になることを決意。すぐに山でコケの生産に取り組み、同時に

栽培場の近くは、自然にコケが生えるような環境。周囲には天然のハイゴケが生えている

育苗トレイで栽培しているスナゴケ。下には黒いビニールシートを敷き、雑草や泥の跳ね返りを予防している

コケの種類によって、生育に適した光の量になるように遮光ネットで調整している

苔テラリウムの製作を始めました。

栽培技術を専門の団体で勉強

「それまでは事務所の観葉植物も枯らすほど、植物に興味がなかった」というこけみざわさん。当初は「コケの栽培はちょっと難しいのかな」と思うこともあり、勉強するうちに、コケは枯れたと思ってもまた復活することを体験しました。緑が美しいことや強い生命力と奥深い魅力も知り、「一生かけても飽きずに楽しめそう」と思ったそうです。

ビジネスとしてやっていけるかとは深く考えず、おおまかな試算をして始めましたが、実際には思ったよりも難しく、計画通りにはいかないことも経験しました。参考事例はないかと調べたところ、故郷の西予市だけでなく、愛媛県内でもコケ生産農家は見つからず、独学で山に生えているコケを栽培してみましたが、なかなか成果が出ない状況でした。

そこで、コケの栽培技術を教える日本苔技術協会の門を叩いて入会し、本格的に勉強を開始。学んだことをベースに、試行錯誤を繰り返してようやく栽培のコツがわかってきました。「土地によってコケがよく育つ環境は違うし、場所に適応するような育て方を研究して臨機応変にやり方を変えなければうまくいかない」と気づき、独自の生産技術を磨いて、現在のように美しくて特徴がよく表れたコケが生産できるようになりました。

テラリウム用を中心に栽培

西予苔園の特長は、今までコケ農家の間で「生産が難しい」とされてきたコウヤノマンネングサ、オオカサゴケをメインに、ヒノキゴケ、タ

西予苔園で生産しているオオカサゴケは、色も形も美しい（上左）

透明感のある緑色で小さな葉のような形が魅力のコツボゴケ（上右）

コケの中でも大型で人気があるコウヤノマンネングサ（下左）

鮮やかな黄緑色で金平糖のような形のホソバミズゴケ（下右）

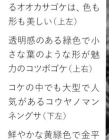

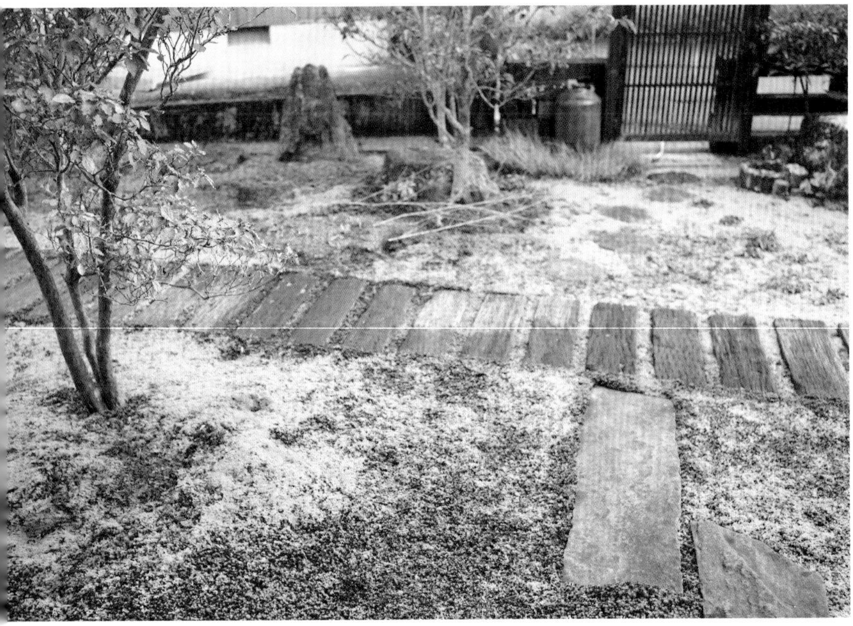

こけみざわさんが自宅に造った苔庭。飛び石や枕木をアクセントにして、スナゴケ、ウマスギゴケ、フデゴケなどが美しく広がる

マゴケ、ホソバオキナゴケ、コツボゴケ、ミズゴケなどの苔テラリウムに適したコケを中心に生産していることです。

テラリウム用のコケは、植え付けたあとまでカビが生えにくい工夫をしています。また、できるだけ虫が混入しないように細心の注意を払って梱包しているそうです。

コケ栽培の難しさと楽しさ

コウヤノマンネングサはトレイにコケをまいてから出荷するまで、早いものでは約1年、平均的には約2年かかります。生育がゆるやかなホソバオキナゴケは、出荷できる大きさに育つには約3年かかるといいます。10個のトレイにコケをまいても、出荷できるところまで育つのは5個ほど。「すべてが思い通りにはいかないのですが、好きだから楽しんでできる自分がいる。きれいなコケは見るだけでも元気になれる。うまくいけば、これでよかったんだ！と思い、生産するのがうまくなればもっと楽しめる。大変でもやりがいを感じる仕事です」というこけみざわさん。コウヤノマンネングサとオオカサゴケは一番好きなコケで、ダイナミックで存在感があり、唯一無二の形が好みだそうです。また、フデゴケは管理する山の中に天然のコロニーがあり、「まるで小さな炎がチロチロと立っているような形がとても好き」と語ります。

こけみざわさんの生産するコケはオンラインストアで購入できるほか、ワークショップ用の注文を受けています。得意のWebマーケティングをいかしてユーチューブ、ツイッター、インスタグラムでPRしながら販売しています。

極力山採りをしないで栽培する

栽培場所のある山間はいろいろなコケが自生していますが、環境に負荷をかけないように山採りを極力せずに栽培したものを販売しているこけみざわさん。
「栽培したコケは虫やカビのリスクが少ないので、安心してテラリウムを作れます。山採りしていると、貴重な資源がすぐになくなってしまう。今あるコケをタネにしてふやしていくことが、里山を守ることにつながります」とのこと。山採りのコケは、環境が変わるとなかなかなじまなかったり、育たないことが多いようですが、栽培したコケは植えたあとの順応が早いことも大きなメリットです。

自宅にコケを張った庭を造り、将来的には庭園用のコケの生産にも力を入れていくため、庭や造園に適したコケとして、エゾスナゴケ、ハイゴケなども栽培。今後は出荷量を増やしていきたいそうです。

飛び石の周囲に生えている、ビロードのようなコケの絨毯。スナゴケやウマスギゴケなどが調和している

苔庭に水やりをしているこけみざわさん。苔庭には乾燥に強いコケを選び、日々の水やりを丁寧に行っている

圃場でこけみざわさん（右）の話を聞く

Chapter

4

MOSS INTERIOR

苔インテリアバリエーション

苔インテリアは、テラリウムの壁面にコケを植え付けた苔壁や、植え付けたコケで文字を描くモスグラフィティなど、アイディア次第でバリエーションが広がります。ダイナミックな自然の光景を再現できる作品にも挑戦してみましょう。

MOSS WALL

Part 1

苔壁のテラリウム

テラリウム容器の内側にコケを植えることで、まるで自然のコケの壁のようなダイナミックな作品に。さまざまな風景のイメージが作れ、コケの成長とともに表情が変わっていくのも魅力です。

通気容器

幅：20cm
奥行：10cm
高さ：20cm

育てやすさ ★★

作りやすさ ★

製作時間 **150分**

自然の壁のような迫力が魅力

コケはそれぞれ色や形が違うほか、伸び方にもそれぞれ特徴があります。苔壁のテラリウムでは、容器の側面をいかして自然界でのコケに近い姿を再現でき、迫力のある作品になります。

材料 Supplies

1 コケ
ヒロハヒノキゴケ、ホウオウゴケ、ツルチョウチンゴケ、カサゴケ、ツヤゴケ、シノブゴケ、コツボゴケ、オオバチョウチンゴケ、タマゴケ。

2 コケ以外の植物類
アジアンタムなど小型のシダ植物。

3 用土
赤玉土に、富士砂と燻炭を各１割混ぜた土がコケに最適。コケの専用土もある。土は再利用せず、未使用のものを使うこと。

4 容器
ガラス製のテラリウム容器。垂直なガラス水槽を利用する。高さのあるものを使うとデザインしやすい。

5 石や砂
ここでは溶岩石を使用。溶岩石など多孔質の石を使うと伸びたコケが着生しやすい。

6 布
植物着生用に開発された専用のマイクロファイバークロス「活着君」を使用。

7 防水強力両面テープ
布を水槽に固定するのに使用。

8 瞬間接着剤
石やフィギュアを壁面に接着するのに使用。

道具 Tools

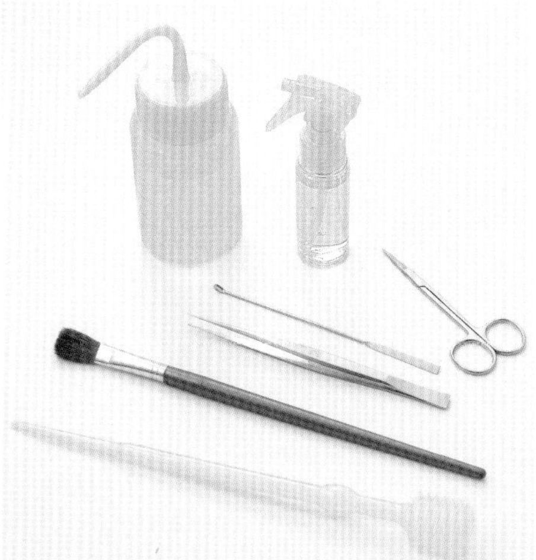

1 水差し／霧吹き
用土をまんべんなく湿らせる。

2 筆／スポイト
用土をならしたり、余分な水分を吸う時に便利。

3 ピンセット／ハサミ／棒
コケを植え付けたりカットしてととのえる。

基本の作り方

這うタイプのコケをメインで使い、成長とともに壁全体をコケが覆うようにすると壁らしい仕上がりに。
ポイントに背が高いコケやシダを使い、作品にメリハリをつけましょう。

1 壁部分を準備する

植物育成用マイクロファイバークロスを、コケを植えるテラリウムの側面（今回は2面）の大きさに合わせてカットする。

耐水性両面テープを使い、カットしたクロスを貼りつける。

側面のクロスに石をつける場合は、瞬間接着剤で貼りつける。

2 コケと植物を植える

底面にテラリウム用の用土を入れ、石や砂でレイアウトをしていく。

クロスを霧吹きなどを使ってよく湿らせる。コケを基本の苔テラリウム（P.24）と同様、ゴミなどを取り除いてきれいにしておく。

ピンセットでクロスの繊維にコケを絡ませるようにして植える。バランスを見ながら全体に植えていく。植え終わったら霧吹きで全体に水やりする。

床面を先に植え、次に壁面を植える。下のほうから順番に植えていくとデザインしやすい

3 フィギュアを使う時

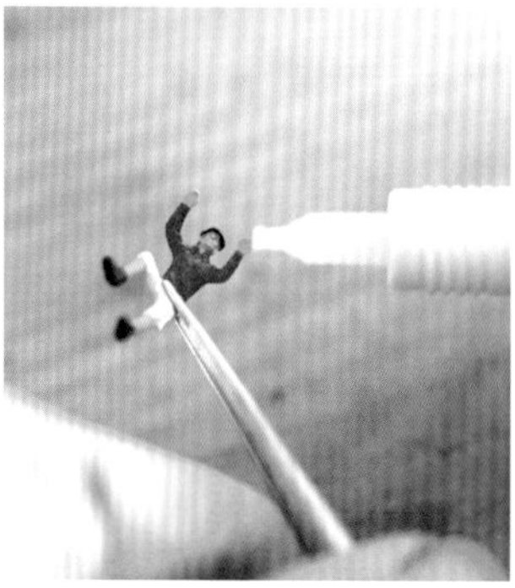

ピンセットでフィギュアをつまみ、つけたい部分に瞬間接着剤をつける。コケに接着剤がつくと枯れてしまうので注意。

つけたいクロスの部分に貼りつける。同様に壁面に貼りつけた石につけることもできる。水やりは接着剤が乾いてからにする。

作製のポイント

さまざまなコケが混在するように配置して、自然を感じられるよう苔壁をデザインしましょう。

① 這うタイプのコケをメインに

ツルチョウチンゴケ、シノブゴケ、オオバチョウチンゴケなど、這って伸びるタイプのコケをメインにして使うと、壁全体を覆うように成長するので苔壁らしくなる。

② こんもりするタイプを隙間に

メインのコケの隙間に、タマゴケ、ホソバオキナゴケなど、こんもりと成長するタイプを植えると立体感が出ていっそうリアルに。

③ 背が高くなるタイプでアクセントを

ヒノキゴケ、ホウオウゴケなど、背が高くなるタイプを数か所植えると、風景のアクセントになる。

シダで野性味をプラス

小型のシダや着生ランなど、コケと相性のよいほかの植物を植えることもできる。自然の風景を再現したイメージが広がる。

Point バリエーション

苔壁に石段と吊り下げタイプの苔玉を組み合わせた作品。石段はクロスを貼り、用土を入れたあとに瞬間接着剤で重ねてつけていく。蓋に吊り下げた苔玉は、時々水に浸けて乾燥を防ぐ。

登山家のフィギュアを組み合わせて岩場を登るイメージに。ダイナミックなデザインの中にストーリー性が感じられる作品。

Point 管理のポイント

苔壁の上部が乾きやすいので、水やりは上部のクロスにしっかり水分がしみ込むように与える。特に作製初期は乾かないよう気をつける。布にコケの仮根が張るまで1か月くらいかかる。それまではコケがはがれやすいので動かさないよう気をつける。

苔壁のテラリウムは構造上、横から光が当たりにくいので、LED照明を使用して光量を補うとよい。

MOSS WALL

Part
2

植え付けたコケで、文字を描くことができます。
記念の作品や、贈り物としてもぴったり。
完成してしばらく経つと、
コケが密になりきれいな仕上がりに。

通気容器

幅：20cm
奥行：10cm
高さ：20cm

育てやすさ

作りやすさ

製作時間
150分

使ったコケ
タマゴケ・ホソバオキナゴケ・ホウオウゴケ

作製のポイント

コケの先端だけを使い、少しずつ植え付けて作るモスグラフィティ。成長するとコケが広がり、文字がつぶれるので、成長がゆるやかなタマゴケ、ホソバオキナゴケ、アラハシラガゴケなどを使うとよいでしょう。

吸水フォームをテラリウム容器の側面の大きさに合わせてカットする。文字の場所を決めてカッティングシートなどでマスキングし、それ以外の部分にアクリル樹脂系のコーキング材を塗る。

砂や砂利をコーキング材にまぶすようにして貼りつける。固まったらカッティングシートをそっと取り除く。

コケの先端のみを使用し、ピンセットや棒などを使って、文字の部分に植え付けていく。容器の側面に吸水フォームを接着剤で貼りつける。テラリウムの底に用土を入れ、石やコケなどを配置したら完成。

Point 管理のポイント

基本の水やりは週に一度程度霧吹きで与える。3週間に一度程度、水差しを使って吸水フォームの上部から直接水を吸わせる。成長して文字がつぶれた場合は作製し直す。

Point バリエーション

容器の底に明るい色のタイルを敷き、楽しげな雰囲気に。文字に使用したのはプリザーブドのスナゴケ。プリザーブドを使用すると成長しないが、形が崩れてしまう心配がない。

VARIATION & Part 1

石に着生

「着生」とは、木や岩などに自生する植物を人為的に木や岩につけて育てる方法。時間はかかりますが、成長の様子や苔むす景色など自然界に近い姿を観賞できるのが魅力です。

使ったコケ
カモジゴケ

作品サイズ
直径：6cm
高さ：4cm

育てやすさ
★★

作りやすさ
★★

製作時間
30分

着生が完了するまで4～6か月

作製のポイント

成長が比較的早めのヒロハヒノキゴケを石に着生させます。
丈夫で育てやすいので、初心者にもおすすめ。
新芽が芽吹いてくる様子も楽しみましょう。
溶岩石や軽石など多孔質(P.12)の石はコケの仮根が絡みやすく、着生させやすいです。

コケをきれいにして(P.24)、塊になったコケを1本1本ばらす。

コケの先端から3cmぐらいをハサミで切り落とす。成長点である先端を切ることで、芽吹きを促す効果がある。

切ったコケを輪ゴムなどで石に固定する。なるべく重ならないように密着させる(写真上)。約2か月で芽吹き始める(写真下)。コケの仮根がしっかり石に絡みついたら輪ゴムを切って外す。

Point 管理のポイント

テラリウム容器の底に砂利や砂を敷き、その上に着生コケの石を置く。容器に直接入れると湿潤な環境を保ちにくい。週に一度程度、霧吹きで水やりをする。

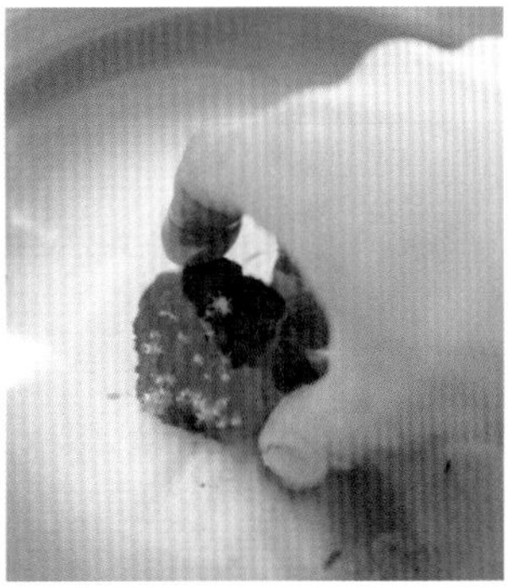

通常の水やりのほか、1か月に一度程度、水に5分ほど浸けて石の内側までしっかり吸水させる。着生しなかったコケやゴミもきれいになる。

Point バリエーション

小さな葉がクジャクの羽のように広がるクジャクゴケ。石の側面に着生させると、扇状の葉が少しずつふえていく、自然に近い姿が楽しめる。

使ったコケ
ホウオウゴケ

作品サイズ
直径：5cm
高さ：4cm

育てやすさ
★★

作りやすさ
★★

製作時間
30分

着生が完了するまで4～6か月

VARIATION & Part 2

水が流れるアクアテラリウム

アクアリウム用の道具を利用して、ガラス容器の中に水の流れを作ります。水と相性のよいコケや植物と組み合わせれば、動きのある涼やかな情景が生まれます。

使ったコケ

ヒノキゴケ
ホウオウゴケ
オオバチョウチンゴケ
ツルチョウチンゴケ
アラハシラガゴケ
タマゴケ
シノブゴケ
クジャクゴケ
ムクムクゴケ　など

通気容器

幅：15cm
奥行：15cm
高さ：25cm

育てやすさ

作りやすさ

製作時間
180分

コケの風景にせせらぎを

コケの表情がいっそうみずみずしいアクアテラリウム。水が直接かかる場所には、オオバチョウチンゴケ、ホウオウゴケ、ツルチョウチンゴケ、ウィローモスなど、水に強いタイプのコケを選ぶのがポイントです。

作製のポイント

アクアリウム用の循環フィルターや水中ポンプを利用する。循環フィルターの大きさに合わせて、植物育成用のマイクロファイバークロスをカットする。

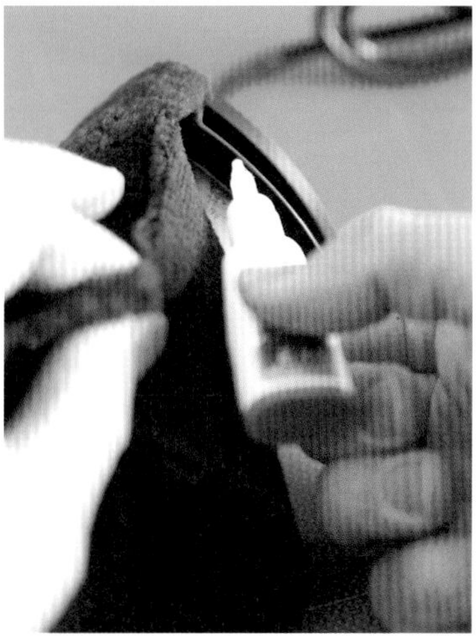

循環フィルターにカットしたクロスを瞬間接着剤で貼りつける。完全に乾いたら、苔壁のあるテラリウム（P.82）と同様にコケを植え付けて仕上げていく。

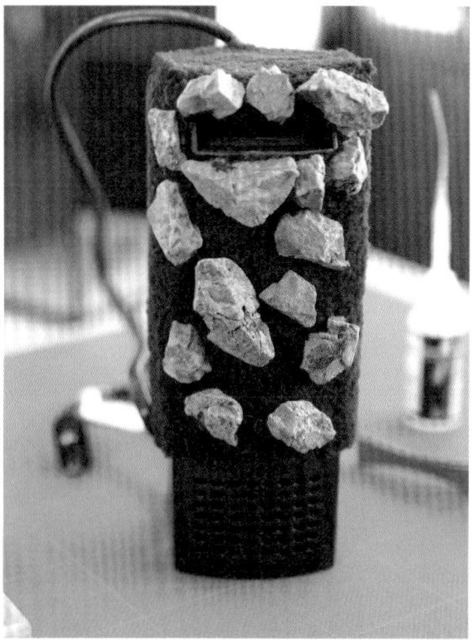

石を循環フィルターに貼りつける場合は、コケを植え付ける前に瞬間接着剤で貼りつける。石を使うとよりリアルな情景に。

Point 管理のポイント

基本の水やりは週に一度程度霧吹きで全体に与える。水が減ってきたら足し水をし、月に一度程度、スポイトを使って水をすべて抜き出し、交換する。

Point バリエーション

苔壁や着生のテクニックを組み合わせて、いっそうダイナミックな雰囲気に。コウヤノマンネングサ、ネズミノオゴケ、カサゴケ、シダ類などを使用。

MOSS Column ③

「コケの研究」という仕事

コケとはどんなものなのかをさまざまな観点から調べて、その成果を多くの人に伝えている鵜沢さん。実際にどんな活動をしているのか、お話を聞きました。

鵜沢美穂子さん

ミュージアムパーク茨城県自然博物館の教育課植物研究室学芸員。専門はコケ植物の形態・発生学。2006年お茶の水女子大学卒業、2008年東京大学大学院修士号取得。2010年から現職。2013年の企画展「こけティッシュ　苔ワールド！－ミクロの森に魅せられて－」は、3か月間に15万人を動員。2021年開催「こけティッシュ　苔ニューワールド！－地球を包むミクロの森－」はコロナ禍で入場制限をしながらも11万6,000人を動員し、話題となる。

ミュージアムパーク茨城県自然博物館のホームページ
https://www.nat.museum.ibk.ed.jp/

企画展では、コケの色や形を見やすくしたスケール感のある展示方法も好評を博した

帰り道、ゼニゴケにひと目惚れ

小学校の教師だった祖母の影響で、生き物好きの子どもだった鵜沢さん。学校では特に理科の授業が好きだったそうです。

高校2年生の時、学校の帰り道にゼニゴケの大群落があり、胞子のうをつけたメスの傘に目が釘づけに。ちょうど生物の授業でコケについて学んだあとだったので、「わあ、初めてゼニゴケが見られた！」と感動。思ったより精緻な構造と形のおもしろさに感激して、ゼニゴケにはまってしまったといいます。「今まで出会った生き物の中で一番おもしろい！」と思い、目からウロコが落ちるような気持ちで観察。その日以来、コケが気になって追い求める日々に。道端のコケに多様性があることに気がつき、図書室に行って調べたりするうちにコケの世界にのめり込んでしまったそうです。

大学では生物学科に進学。漠然と「生物の研究者になりたい」という希望はあったものの、コケは趣味で、仕事になるとは思っていなかったそうです。ただ、卒論のテーマを選ぶ時に「好きなことをテーマにしたほうが楽しいのではないか」と思ったのが、コケの研究に足を踏み入れるきっかけとなりました。

いろいろな研究室を訪ね歩いて、どうやったらコケの研究ができるのかを聞いて回り、あまりミクロなことではなくコケそのものを研究するために、コケの構造や形を研究する形態学という分野を選びました。在籍していた大学にコケを専門とする教授がいなかったため国立科学博物館の樋口正信先生を紹介してもらい、卒論の助言をいただく中で、先生から大学院に誘っていただいたといいます。その後本格的にコケの研究をスタート。受精後、コケの赤ちゃんがどうやって成長していくのか、コケの組織を薄切りにして2週間おきに様子を調べたりしました。「どうにかしてコケに関わる仕事がしたい」と思うと同時に、研究だけでなく、その魅力を伝える

仕事にとてもやりがいを感じたため、その両方ができる職種として学芸員という仕事を見つけました。学芸員の国家資格を取得し、職員を募集をしている博物館を探して受けることにしたそうです。

学芸員のポストをつかむ

「わたしはとても運がいい。最初の就職先で、希望の職種に就けたのですから」という鵜沢さん。現在の勤務先に就職するために、大学院は中退しました。学芸員の仕事は空きが出ることが少ないため、学位がとれるまで待っていると、行きたいポストの募集は終わってしまう。採用された人は、基本的に定年まで勤めるため、前任者が退職したタイミングにしか募集がないのが現実です。「関東で、それも比較的行きやすい場所で、自分の専門に近い学芸員のポストが募集される機会には、めったに巡り合えない。大学院を中退してでもここに就職したいと思いました。タイミングが大事ですね」。

　コケの研究を行う職に就くには、大学院で専門的な研究を行うことが大切とのこと。研究ができる仕事は博物館の学芸員以外には、大学の研究職、公立や私立の研究所の研究員などの選択肢があるそうです。

「コケの研究者はポストが少ないので、壁にぶつかるかもしれません。希望の職に就けないとか、研究を続けていけるか悩んだり、わたしも不安になることがありました。そんな時でもコケが好きなら、少しずつでも、別なことをしながらでも諦めずに続けていけば、どこかで道が開けるかもしれません。やりたい気持ちがあれば、ぜひ続けてほしいと思います」。

フィールドワーク中心に活動

「就職して14年目になりますが、現在の研究テーマは、コケの雌雄性、専門的にいえばコケの繁殖生態学です。1種類のコケの雄株と雌株の全国的な分布と、受精がどのように行われているか、という調査をメインに研究しています。種によっては、ひとつの地域に雄株しかいないということもあります。受精がなかなか起こらない種類に興味を持ち、全国的に調査をしたら、まれにですが、受精が起こるのがわかってきたので、そういったフィールドワークが研究のメインになっています」。

「いろいろなところに行ってコケを採取し、持ち帰って顕微鏡で見て雄株か雌株かを見分けるために解剖したり、受精が起きているのかを調べたりしています。フィールドワークは平地の湿地に行くことが多いのですが、GPSを頼りに、山奥の登山道もない場所に藪をかき分けて探しに行くこともあります」。フィールドワークにはシーズンがあり、受精の時期は毎週のように出かけ、コケのサイクルに合わせて調査を行っています。

研究、資料収集・保管、教育が業務

　茨城県の博物館の学芸員としては、県内にどんなコケがいるのかを調べ、絶滅危惧種の分布や外来種の調査を行っています。このほかにもキュレーターとして資料を収集・保管したり、その資料の貸し出しや展示を行うのも大事な仕事です。標本を整理して収蔵庫に収め、それを害虫などから守って管理して、

鵜沢さんにインタビューしたミュージアムパーク茨城県自然博物館の実習室

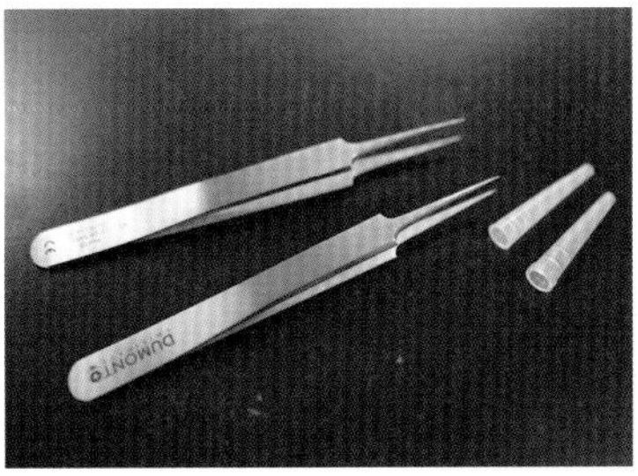

鵜沢さん愛用のスイス製ピンセット。先端が細く尖っていないと、小さなコケの茎や葉がつかめない。両手に持って作業するため、2本必要

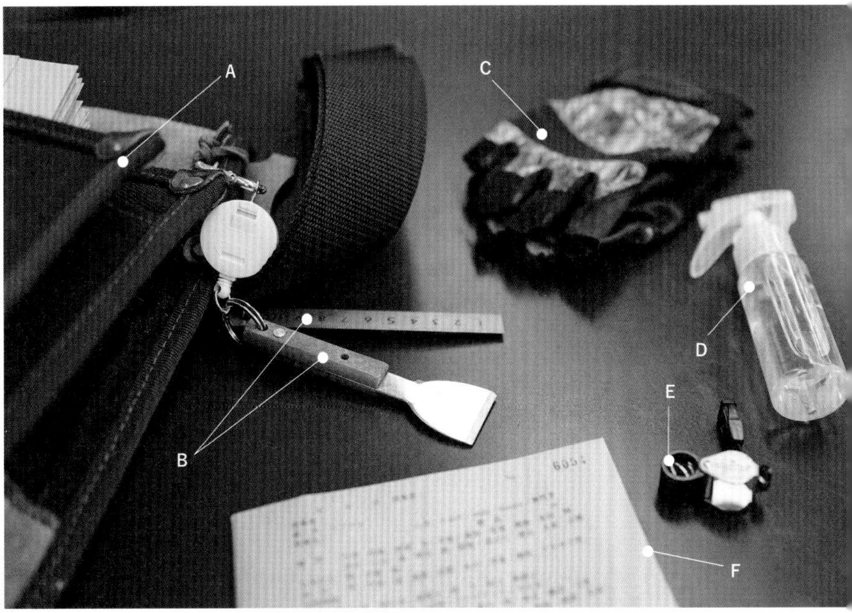

研究用の野外観察の必需品、採取用バッグと用具
A：採取用バッグ　B：もんじゃ焼きのヘラ（採取時に使う）とスケール　C：指先の出る手袋
D：霧吹き　E：14倍の宝石鑑定用ルーペ　F：データを印字した採取袋

2021年～開催「こけティッシュ　苔ニューワールド！－地球を包むミクロの森－」のパンフレット。子どもから大人まで楽しく読める工夫がいっぱい（上右）

企画展で展示されたゼニゴケの立体模型。ユニークな傘のような形が来場者の心をつかんだ（上左）

鵜沢さんが主任を務めた企画展では、プロジェクターなどを使って多角的にコケの発生を説明（下）

要望があればほかの博物館などに貸し出したりします。

小学生から大学生まで、コケの研究のために博物館に通う学生たちがいて、未来の研究者を育てる一環として、一緒に調査・研究もしています。

また、月に1～2回ほど、さまざまな場所でコケの観察会や講座を行っています。顕微鏡を使った観察会や、鵜沢さんが自身の研究の話をする場合もあります。

コケがテーマの企画展が話題に

ミュージアムパーク茨城県自然博物館では鵜沢さんが中心となって、これまでにコケの企画展を2回開催しています。1回目は2013年の「こけティッシュ 苔ワールド！－ミクロの森に魅せられて－」で、約3か月間で15万人が入館。北海道から九州まで全国から人が集まる盛況ぶりで、さまざまなメディアで取り上げられて大きな話題になりました。

2回目はコロナ禍の中、2021年から行われた「こけティッシュ 苔ニューワールド！－地球を包むミクロの森－」で、入場制限をしながら開催したにもかかわらず、約11万6000人の入館がありました。約400㎡の会場面積は、ほかのコケ展とは一線を画す広さで、「コケ・ウォール」と名づけた高さ3mの壁面に、生きたコケを貼ってみずみずしいコケの迫力ある姿を紹介したり、苔テラリウム作家の作品を多数展示するなど、コケの魅力を凝縮。準備には約4年を要し、映像を使った展示も大きな反響を呼びました。「受精や発生を含めた映像『コケの一生』を、映像のプロと一緒に、躍動感のある8K規格で、顕微鏡撮影を交えながら作りました」。（映像作品は、第64回科学技術映像祭で部門優秀賞を受賞）

鵜沢さんは、「『おもしろい』と言ってもらえることが研究の一番の原動力。コケの魅力や研究した内容を伝えた時の、驚きや笑顔の反応に、やりがいを感じます」といいます。

コケの魅力を伝える活動に力を入れる反面、「乱獲によって絶滅の危険が増えることが心配」という鵜沢さん。「コケが好きで、つい採りたくなる気持ちもわかるけれど、その気持ちをぐっと抑えて、自然のまま楽しむことを考えてもらえたら」と語ります。「コケの生態がわかればわかるほど、野生から採取したコケをそのまま維持するのがとても難しいということに気がつきます。コケを楽しむには、栽培されたコケを購入してもらうこと、野生のコケをむやみに採取しないで大切に扱うことを心がけてほしいと思います」。